I0006041

La Bibbia della programmazione Python 3 in 1

Benvenuto a "**La Bibbia della programmazione Python 3 in 1**", il tuo alleato definitivo per padroneggiare Python, uno dei linguaggi di programmazione più versatili e richiesti al mondo. Questo libro è pensato per guidarti attraverso un percorso completo: dalle basi per principianti, agli argomenti avanzati, fino all'applicazione pratica in progetti reali.

Se sei nuovo alla programmazione, scoprirai come trasformare semplici idee in codici funzionanti. Se hai già esperienza, ti immergerai in concetti più sofisticati che ti permetteranno di scrivere codice efficiente e scalabile. E infine, con esercizi pratici e progetti, vedrai come Python può essere utilizzato per risolvere problemi reali, dalle analisi dei dati allo sviluppo di applicazioni.
Pronto a iniziare? Prepara il tuo editor di codice e inizia questo viaggio nel cuore della programmazione Python.

Leonardo Venturi

© 2023-2025 Leonardo Venturi. Tutti i diritti riservati.

Nessuna parte di questo libro può essere riprodotta, distribuita o trasmessa in qualsiasi forma o con qualsiasi mezzo, inclusi fotocopiatura, registrazione o altri metodi elettronici o meccanici, senza il previo consenso scritto dell'autore, eccetto per brevi citazioni utilizzate in recensioni critiche e altri usi consentiti dalla legge sul copyright.

SOMMARIO

Python per principianti: la guida essenziale.

PYTHON AVANZATO: TECNICHE AVANZATE E STRUMENTI POTENTI PER SVILUPPATORI ESPERTI

Python in Pratica: 110+ Esercizi per Imparare a Programmare

Python per Principianti: La Guida Essenziale

"Python per Principianti: La Guida Essenziale" è il compagno perfetto per chi vuole muovere i primi passi nel mondo della programmazione. Scritto in un linguaggio chiaro e accessibile, questo libro ti guiderà attraverso i concetti fondamentali di Python, partendo dalle basi fino a tecniche più avanzate come la programmazione orientata agli oggetti.

Ogni capitolo è progettato per essere pratico e coinvolgente, con esempi concreti e esercizi mirati per consolidare ciò che hai imparato. Che tu voglia automatizzare compiti, analizzare dati o sviluppare applicazioni, questa guida ti fornirà le competenze necessarie per iniziare a costruire i tuoi progetti con Python.
Non importa se sei completamente nuovo alla programmazione o desideri ampliare le tue competenze: Python per Principianti ti condurrà passo dopo passo verso la padronanza di uno dei linguaggi più versatili e potenti oggi disponibili.

Leonardo Venturi.

Introduzione

Perché Python è la Scelta Giusta per i Principianti

Imparare a programmare è una delle competenze più preziose nel mondo moderno. In un'epoca in cui la tecnologia è alla base di quasi ogni aspetto della nostra vita quotidiana, la capacità di scrivere codice ti permette di creare soluzioni innovative, automatizzare compiti ripetitivi e accedere a un numero sempre crescente di opportunità lavorative. Tra tutti i linguaggi di programmazione disponibili oggi, **Python** è diventato il punto di partenza ideale per chi desidera avventurarsi nel mondo della programmazione. Ma perché Python?

La semplicità di Python

Python è spesso descritto come un linguaggio "facile da imparare e usare". Questo perché è stato progettato con la leggibilità in mente. A differenza di altri linguaggi che richiedono una sintassi rigorosa e complessa, Python utilizza una struttura semplice e chiara che ricorda quasi il linguaggio naturale. Anche chi non ha alcuna esperienza precedente con la programmazione può leggere e comprendere facilmente un programma scritto in Python.

Per esempio, confrontiamo come si scrive "Hello, World!" in Python rispetto ad altri linguaggi:

```
print("Hello, World!")
```

Questa riga di codice, estremamente intuitiva, è l'equivalente di un'intera serie di comandi che in altri linguaggi richiederebbero una configurazione più complessa. La filosofia di Python è quella di rendere la programmazione accessibile a tutti, anche ai principianti assoluti.

L'importanza di Python nel mondo reale

Oltre alla sua semplicità, Python è anche estremamente potente e versatile. Viene utilizzato in una vasta gamma di settori, dall'**intelligenza artificiale** e **machine learning**, all'**automazione**, **sviluppo web**, fino all'**analisi dei dati**. Ciò significa che, una volta che hai appreso le basi di Python, non ti stai limitando a un linguaggio per principianti: stai imparando uno strumento che ti apre le porte a molteplici settori tecnologici in crescita.

Python è adottato da giganti del settore come Google, Netflix e Instagram, il che dimostra quanto sia rilevante nel panorama tecnologico attuale. Oltre a ciò, la vasta comunità di utenti Python garantisce un'enorme quantità di risorse, librerie e strumenti disponibili gratuitamente, che ti permetteranno di espandere le tue capacità senza limiti.

A chi è rivolto questo libro?

Questo libro è pensato per chi parte da zero. Non è richiesta alcuna esperienza pregressa di programmazione, né competenze tecniche avanzate. Tutti i concetti saranno spiegati passo dopo passo, con esempi chiari e semplici, per permetterti di comprendere i fondamenti della programmazione e di Python in particolare. Se hai sempre voluto imparare a programmare, ma ti sei sentito sopraffatto dalla mole di informazioni e dalla complessità di altri linguaggi, questo libro è per te.

Inizieremo con le basi, come installare Python e scrivere i primi semplici programmi, per poi procedere verso concetti più avanzati, come le funzioni, le strutture dati e la programmazione orientata agli oggetti. Alla fine del libro, sarai in grado di scrivere piccoli programmi da solo, comprendere come Python gestisce dati ed esecuzioni, e risolvere problemi reali attraverso il codice.

Cosa ti insegnerà questo libro?

Nel corso di questo libro, imparerai:

Le fondamenta della programmazione: Cos'è un linguaggio di programmazione, come funzionano i computer e perché Python è una scelta eccellente
La sintassi di base di Python: Variabili, tipi di dati, strutture di controllo come cicli e condizioni.
Le funzioni e la modularità del codice: Come scrivere codice riutilizzabile e organizzato, suddividendo un programma in parti logiche più piccole.
Lavorare con dati complessi: Liste, tuple e dizionari, che ti permettono di gestire grandi quantità di informazioni in modo strutturato.
La gestione degli errori: Come prevenire, individuare e risolvere i problemi nei tuoi programmi, per assicurarti che funzionino correttamente.
Introduzione alla programmazione orientata agli oggetti (OOP): Un concetto chiave per lo sviluppo di software scalabile e complesso.

Imparare facendo

Un aspetto importante di questo libro è che non ti limiterai a leggere concetti astratti. Dopo ogni capitolo, avrai la possibilità di mettere in pratica ciò che hai imparato attraverso esercizi mirati. Il capitolo finale sarà dedicato completamente agli esercizi pratici, dove combinerai tutte le tue nuove conoscenze per creare piccoli progetti reali.

Cosa serve per iniziare?

Per iniziare con questo libro, tutto ciò di cui hai bisogno è un computer, una connessione a Internet per scaricare Python e un po' di curiosità. Non sono necessari costosi strumenti software o hardware avanzati. Python è open source e può essere installato e utilizzato gratuitamente su qualsiasi sistema operativo, sia che tu usi Windows, macOS o Linux.

Come affrontare il libro

L'obiettivo di questo libro è guidarti passo dopo passo, assicurandoci che ogni concetto sia ben compreso prima di passare al successivo. Se qualcosa non è chiaro al primo tentativo, non preoccuparti!

La programmazione richiede pratica e pazienza. Rileggere, provare a scrivere codice più volte e sperimentare con nuovi problemi ti aiuterà a consolidare le tue conoscenze. Alla fine del libro, sarai pronto per affrontare sfide più complesse e continuare il tuo percorso di apprendimento, esplorando risorse avanzate e progetti personali.

Un viaggio emozionante

Imparare a programmare è un viaggio che ti offrirà nuove prospettive e potenzialità. Python è il tuo primo passo in questo viaggio e questo libro sarà la tua guida. Sei pronto a scoprire cosa significa scrivere codice e a trasformare le tue idee in realtà? Allora, iniziamo!

Introduzione a Python e Configurazione dell'Ambiente di Lavoro

Benvenuto al primo capitolo del tuo viaggio nel mondo della programmazione con Python! Prima di iniziare a scrivere codice, è fondamentale comprendere cosa sia Python, come installarlo correttamente e impostare un ambiente di sviluppo che ti permetta di lavorare in modo efficiente. In questo capitolo, esploreremo insieme le basi, dalla configurazione del tuo ambiente di lavoro fino alla scrittura del tuo primo programma.

Cos'è Python e a cosa serve

Python è un linguaggio di programmazione ad **alto livello**, creato da **Guido van Rossum** nei primi anni '90, con lo scopo di essere semplice, leggibile e facile da usare. Essendo un linguaggio ad alto livello, si avvicina al linguaggio umano, il che lo rende più facile da apprendere rispetto a linguaggi di basso livello come il C.

Python è utilizzato in molti campi, tra cui:

Sviluppo web: Framework come Django e Flask sono costruiti su Python.

Data Science: Python è uno dei linguaggi principali utilizzati per l'analisi dei dati, grazie a librerie come Pandas, NumPy e Matplotlib.

Automazione: Può essere utilizzato per automatizzare compiti ripetitivi come la gestione di file, l'invio di email o l'interazione con un browser web.

Intelligenza Artificiale e Machine Learning: Python è alla base di molte delle librerie e framework utilizzati per costruire modelli di AI e ML, come TensorFlow e Scikit-learn.

L'obiettivo di Python è consentire agli sviluppatori di concentrarsi sulla **logica** e non sulla complessità della sintassi.

Installare Python e l'IDE

Installazione di Python
Prima di poter scrivere il tuo primo programma, dovrai installare Python sul tuo computer.

Segui questi passaggi per l'installazione:

Windows:
Visita il sito ufficiale di Python python.org.

Scarica l'ultima versione stabile di Python (assicurati di scaricare la versione corretta per il tuo sistema operativo, generalmente 64-bit).

Durante l'installazione, assicurati di **selezionare la casella "Add Python to PATH"**. Questo permetterà di eseguire Python dal terminale.

macOS:
Python è già installato su macOS, ma potresti voler installare una versione più aggiornata.

Puoi utilizzare **Homebrew**, un gestore di pacchetti, per installare l'ultima versione di Python. Esegui i seguenti comandi nel terminale:

```
/bin/bash-c"$(curl-fsSL
https://raw.githubusercontent.com/Homebrew/install/HEAD/install.sh)"
brew install python
```

Linux:

La maggior parte delle distribuzioni Linux ha Python preinstallato. Se desideri aggiornarlo o installarlo, usa il gestore di pacchetti della tua distribuzione, ad esempio per Ubuntu:

```
sudo apt update
sudo apt install python3
```

Installazione di un IDE

Per scrivere e testare il codice Python, hai bisogno di un ambiente di sviluppo.

Un **IDE (Integrated Development Environment)** facilita la scrittura, l'esecuzione e il debug del codice.

Uno dei più popolari IDE per Python è **Visual Studio Code (VSCode)**. Ecco come installarlo:

Scarica Visual Studio Code da code.visualstudio.com.

Una volta installato, apri VSCode e aggiungi l'estensione **Python** (sviluppata da Microsoft) dal marketplace delle estensioni.
In alternativa, puoi utilizzare un IDE specializzato come **PyCharm**, che offre funzionalità avanzate per progetti Python.

Sintassi di base e concetti fondamentali

Ora che Python è installato e il tuo ambiente di lavoro è pronto, possiamo iniziare a scrivere codice. Iniziamo con alcune nozioni di base:

Variabili

In Python, una **variabile** è semplicemente un nome che fa riferimento a un valore. Non è necessario dichiarare il tipo di una variabile (come in altri linguaggi), Python lo deduce automaticamente.

Esempio:

```
nome = "Alice"
età = 25
altezza = 1.70
```

Qui abbiamo tre variabili: nome che è una stringa, età che è un numero intero, e altezza che è un numero decimale (float).

Commenti

I commenti servono a scrivere note o spiegazioni nel codice che non verranno eseguite. In Python, i commenti iniziano con il simbolo #.

Esempio:

```
# Questo è un commento

def saluta():
    print("Ciao, Mondo!")  # Questo stampa a schermo

# Chiamata della funzione per eseguire il codice indentato
saluta()
```

Eseguire un programma Python

Apri il tuo editor (VSCode o PyCharm), crea un nuovo file chiamato primo_programma.py, e scrivi:

```
print("Ciao, Mondo!")
```

Salva il file, e poi esegui il programma dal terminale con il seguente comando:

```
python primo_programma.py
```

Vedrai comparire la frase **Ciao, Mondo!** nel terminale.

F-string in Python: Il Metodo Moderno per Formattare le Stringhe

Le **f-string** (o formatted string literals) in Python sono un modo potente e conciso per formattare le stringhe. Introdotte in Python 3.6, consentono di inserire espressioni e variabili direttamente all'interno delle stringhe, rendendo il codice più leggibile e mantenibile.

Caratteristiche principali delle f-string

Sintassi semplice:

Per utilizzare le f-string, basta anteporre la lettera f o F alla stringa. Le espressioni da valutare vengono racchiuse tra parentesi graffe {}.

Incorporazione di variabili ed espressioni: Permettono di inserire variabili, espressioni matematiche, chiamate a funzioni e altro direttamente all'interno della stringa.

Ad esempio:

```
nome = "Mario"

età = 30

print(f"Ciao, {nome}! Hai {età} anni.")
```

In questo caso, {nome} e {età} vengono sostituiti con i valori corrispondenti.

Espressioni complesse:

Oltre alle variabili, è possibile includere calcoli o chiamate a funzioni direttamente all'interno della stringa.

Ad esempio:

```
a = 5

b = 3

print(f"La somma di {a} e {b} è {a + b}.")
```

Specificatori di formato:

Le f-string supportano anche la formattazione dei valori. Ad esempio, per formattare un numero decimale:

```
valore = 12.34567
print(f"Il valore arrotondato è {valore:.2f}")
```

In questo esempio, {valore:.2f} indica che il numero verrà formattato con due cifre decimali.

Vantaggi nell'uso delle f-string

Leggibilità:
La sintassi diretta delle f-string semplifica la lettura e la scrittura del codice, eliminando la necessità di concatenazioni o di metodi come .format().

Efficienza:
Le f-string sono generalmente più performanti rispetto ad altri metodi di formattazione, rendendole una scelta ideale per situazioni in cui la velocità è importante.

Flessibilità:
Consentono di incorporare qualsiasi espressione Python, rendendo la formattazione estremamente flessibile.

Le f-string rappresentano quindi uno strumento essenziale per chi inizia a programmare in Python, offrendo una modalità intuitiva per gestire la formattazione delle stringhe e migliorando la chiarezza del codice.

Indentazione in Python: Fondamenti e Best Practice per un Codice Chiaro

L'indentazione in Python è un concetto fondamentale che serve a definire la struttura del codice, determinando quali istruzioni appartengono a un blocco specifico. A differenza di altri linguaggi di programmazione che utilizzano simboli come le parentesi graffe {} per delimitare i blocchi (ad esempio in C, Java o JavaScript), Python si affida esclusivamente all'indentazione (cioè agli spazi o tab all'inizio delle righe) per organizzare il codice.
Perché l'indentazione è importante

Definizione dei blocchi di codice:

In Python, ogni volta che si crea una struttura di controllo (come un `if`, `for`, `while`, o la definizione di una funzione con `def`), il blocco di codice interno deve essere indentato. Questo indica all'interprete Python quali istruzioni fanno parte di quella struttura. Ad esempio, il codice all'interno di una funzione deve essere indentato rispetto alla definizione della funzione.

Chiarezza e leggibilità:

L'uso coerente dell'indentazione rende il codice più leggibile e comprensibile. Quando il codice è ben indentato, è più facile per il programmatore seguire la logica e identificare rapidamente i blocchi di codice e le loro relazioni gerarchiche.

Errori di sintassi:

Poiché l'indentazione è parte integrante della sintassi di Python, un'indentazione errata o incoerente genererà errori (IndentationError). Questo meccanismo aiuta a mantenere uno standard elevato di qualità del codice.
Regole fondamentali dell'indentazione in Python

Consistenza:

È importante scegliere uno stile di indentazione (solitamente 4 spazi per livello) e mantenerlo coerente in tutto il progetto. Mescolare spazi e tab può portare a errori difficili da individuare.

Blocchi di codice:

Ogni blocco di codice che segue una struttura di controllo deve essere indentato di un livello in più rispetto alla riga precedente. Ad esempio:

```
if condizione:
    # Blocco di codice eseguito se la condizione è vera
    print("La condizione è vera")
else:
    # Blocco di codice eseguito se la condizione è falsa
    print("La condizione è falsa")
```

Nessun delimitatore esplicito:

A differenza di altri linguaggi che utilizzano delimitatori come {} o end per chiudere un blocco, in Python la fine di un blocco è determinata dal ritorno all'indentazione precedente. Questo rende il codice più pulito, ma richiede attenzione per evitare errori.

Esempio pratico

Considera la seguente funzione che saluta una persona in base al nome fornito:

```
def saluta(nome):

    if nome:

        print("Ciao, " + nome)

    else:

        print("Ciao, sconosciuto")
```

In questo esempio:

La definizione della funzione saluta inizia con def saluta(nome): e il corpo della funzione è indentato di 4 spazi.

All'interno della funzione, l'istruzione if verifica se nome è valorizzato; il blocco di codice relativo all'if è ulteriormente indentato.

L'istruzione `else` e il relativo blocco di codice sono anch'essi indentati allo stesso livello dell'`if`, evidenziando che fanno parte della stessa struttura condizionale.

Conclusioni

L'indentazione in Python non è solo una questione estetica, ma un aspetto fondamentale della sintassi del linguaggio. Essa garantisce che il codice sia strutturato in modo chiaro, riducendo la possibilità di errori e facilitando la manutenzione del software. Per chi è alle prime armi, imparare a gestire correttamente l'indentazione è un passo essenziale per scrivere codice Python efficiente e leggibile.

Eseguire il primo programma Python ("Hello World")

Il classico esempio introduttivo in ogni linguaggio di programmazione è il programma "Hello World". In Python, abbiamo già visto che è estremamente semplice. Scriviamo il nostro primo programma Python:

```
print("Hello, World!")
```

In questo esempio, utilizziamo la funzione print() per stampare un messaggio sullo schermo. La funzione print() accetta una stringa (sequenza di caratteri) racchiusa tra virgolette, e la mostra al terminale. Vedrai la seguente uscita:

```
Hello, World!
```

La funzione print() è una delle funzioni integrate in Python più utilizzate. Ti permette di vedere il risultato delle operazioni, fondamentale durante lo sviluppo.

Best practices per organizzare l'ambiente di sviluppo

Per lavorare in modo efficiente con Python, è importante seguire alcune best practices nella configurazione dell'ambiente e nella scrittura del codice.

Organizza i file del progetto: Mantieni il tuo codice ben organizzato. Crea una cartella per ogni progetto e salva tutti i file correlati al progetto in quella cartella.

Esempio:

```
mio_progetto/
 ├── main.py
 └── utils.py
```

Usa un file README.md: Questo file contiene una descrizione del progetto, spiegando cosa fa e come usarlo. Anche se stai lavorando su progetti personali, abituati a includere un file README.md all'interno di ogni progetto.

Crea ambienti virtuali: Gli **ambienti virtuali** ti permettono di isolare le dipendenze dei tuoi progetti. Puoi creare un ambiente virtuale con il comando:

```
python -m venv mio_ambiente
```

Per attivare l'ambiente virtuale, esegui il comando appropriato per il tuo sistema operativo:

Windows: mio_ambiente\Scripts\activate

macOS/Linux: source mio_ambiente/bin/activate

Una volta attivato, potrai installare librerie specifiche per il progetto senza interferire con altri progetti.

Scrivi codice leggibile: Segui le convenzioni di stile Python, conosciute come **PEP 8**. Questo include usare spazi per indentare il codice (invece di tabulazioni) e scegliere nomi di variabili chiari e descrittivi.

Versiona il codice: Usa un sistema di controllo delle versioni come **Git** per tracciare le modifiche al tuo codice e collaborare con altri sviluppatori. Se non conosci Git, ci sono molte risorse che puoi esplorare per imparare i comandi di base.

Questo primo capitolo ti ha introdotto al mondo di Python e alla configurazione dell'ambiente di sviluppo. Ora che hai Python installato e il tuo IDE pronto, sei in grado di scrivere i primi semplici programmi.

Nel prossimo capitolo, inizieremo a esplorare le **variabili** e i **tipi di dati**, un passo fondamentale per diventare un programmatore Python competente!

Variabili e Tipi di Dati

Nel capitolo precedente, hai imparato come installare Python e configurare il tuo ambiente di sviluppo. Ora è il momento di fare il prossimo passo: comprendere come Python gestisce i **dati**.

In questo capitolo esploreremo le variabili, i principali tipi di dati disponibili in Python e come manipolarli. Saper gestire correttamente i dati è fondamentale per scrivere programmi efficaci e flessibili.

Cosa sono le variabili

Una **variabile** è un nome che assegniamo a un dato per poterlo utilizzare e manipolare in seguito. Pensa alle variabili come a "contenitori" che memorizzano i valori, che possono essere numeri, stringhe, o altri tipi di dati.

In Python, non è necessario dichiarare il tipo di una variabile in anticipo, perché Python è un linguaggio a **tipizzazione dinamica**. Questo significa che il tipo viene determinato automaticamente in base al valore assegnato.

Esempio:

```
nome = "Alice" # Una variabile di tipo stringa
età = 30        # Una variabile di tipo intero
pioggia = False # Una variabile di tipo booleano
```

In questo esempio:

nome è una variabile che contiene una stringa ("Alice").
età contiene un numero intero (30).

pioggia è una variabile booleana (False), che può essere o True o False.
In Python, il segno = non rappresenta un'equivalenza matematica, ma un'**assegnazione**. Stiamo assegnando un valore a una variabile.

Nomina delle variabili

I nomi delle variabili devono seguire alcune regole:

Devono iniziare con una lettera o un underscore (_), ma non con un numero.

Possono contenere solo lettere, numeri e underscore.

Sono **case-sensitive**, quindi nome e Nome sono due variabili diverse.

Esempio:

```
corso = "Python" # Nome corretto
_nome = "Principiante" # Nome corretto
3corso = "Errore" # Nome sbagliato.(non può iniziare con un numero).
```

Questo è un nome di variabile non valido. In Python, i nomi di variabile non possono iniziare con un numero.

Questa regola è fondamentale per evitare ambiguità nell'interpretazione del codice.

Regole generali per i nomi di variabili in Python

I nomi di variabile devono iniziare con una lettera o un carattere di sottolineatura.

I nomi di variabile possono contenere lettere, numeri e caratteri di sottolineatura.

I nomi di variabile sono sensibili al maiuscolo/minuscolo (ad esempio, corso e Corso sono variabili diverse).

Evita di utilizzare parole chiave riservate di Python (come if, for, while, ecc.) come nomi di variabile.

è consigliabile utilizzare nomi di variabile descrittivi che indichino chiaramente lo scopo della variabile.

Tipi di dati comuni (int, float, string, boolean)

Python supporta diversi **tipi di dati.** I più comuni e utilizzati sono:

Interi (int): Numeri interi, positivi o negativi, senza decimali.
- o   Esempio: 42, -5

Numeri a virgola mobile (float): Numeri con la virgola, che possono rappresentare decimali.
- o   Esempio: 3.14, -0.5

Stringhe (str): Sequenze di caratteri racchiuse tra virgolette singole o doppie.

Esempio: "Ciao", 'Python'

Booleani (bool): Variabili che possono assumere solo due valori, True o False.

- Esempio: True, False

Esempi di tipi di dati:

```
numero_intero = 10      # Tipo int
numero_decimale = 5.75  # Tipo float
testo = "Hello, Python" # Tipo stringa
vero_falso = True       # Tipo booleano
```

Funzione type()

Puoi utilizzare la funzione type() per verificare il tipo di una variabile in Python.

Esempio:

```
x = 10
print(type(x))  # <class 'int'>
y = 3.14
print(type(y))  # <class 'float'>

z = "Ciao"
print(type(z))  # <class 'str'>
```

Operatori aritmetici e logici

Una volta comprese le variabili e i tipi di dati, possiamo iniziare a lavorare con gli **operatori**. Gli operatori ci permettono di manipolare i dati, eseguendo operazioni come somme, moltiplicazioni, confronti, ecc.

Operatori aritmetici

Gli operatori aritmetici sono utilizzati per eseguire operazioni matematiche sui numeri. Ecco i principali operatori aritmetici in Python:

Addizione (+):

```
a = 5
b = 3
somma = a + b # Risultato: 8
```

Sottrazione (-):

```
differenza = a - b # Risultato: 2
```

Divisione (/):

```
divisione = a / b # Risultato: 1.6666666666666667 (float)
```

Divisione intera (//):

```
divisione_intera = a // b # Risultato: 1 (intero)
```

Modulo (%): Restituisce il resto della divisione tra due numeri.

```
resto = a % b # Risultato: 2
```

Esponenziazione (**):

```
potenza = a ** b # Risultato: 5^3 = 125
```

Operatori logici

Gli operatori logici sono utilizzati per confrontare i valori e restituire un risultato booleano (True o False). I principali operatori logici in Python sono:

Uguale (==): Controlla se due valori sono uguali.

```
a = 5
b = 3
print(a == b)  # Risultato: False
```

Diverso (!=): Controlla se due valori sono diversi.
print(a != b) # Risultato: True

Maggiore (>), Minore (<), Maggiore o uguale (>=), Minore o uguale (<=):

```
print(a > b)   # Risultato: True
print(a <= b)  # Risultato: False
```

AND (and): Restituisce True se entrambe le condizioni sono vere.

```
print(a > 2 and b < 10)  # Risultato: True
```

OR (or): Restituisce True se almeno una delle condizioni è vera.

```
print(a > 2 or b > 10)  # Risultato: True
```

NOT (not): Inverte il valore logico.

```
print(not (a > b))  # Risultato: False
```

Conversione tra tipi di dati

A volte è necessario convertire un tipo di dato in un altro. Ad esempio, potresti voler convertire un numero in una stringa per stamparlo insieme ad altre stringhe, o convertire un input utente (che è sempre una stringa) in un numero per eseguire operazioni matematiche.

Ecco le principali funzioni di conversione in Python:

int(): Converte un valore in un numero intero.

float(): Converte un valore in un numero decimale.

str(): Converte un valore in una stringa.
bool(): Converte un valore in un booleano.

Esempi di conversione:

```
x = "42"
y = int(x)  # Converte la stringa "42" in un intero 42
a = 3.14
b = int(a)  # Converte 3.14 in 3 (il numero decimale viene troncato)

z = 25
testo = str(z)  # Converte il numero intero 25 in una stringa "25"
```

Input e output di base

In Python, è possibile **ottenere input** dall'utente utilizzando la funzione input(), e **mostrare output** utilizzando la funzione print().

Funzione input()

La funzione input() permette di leggere l'input da tastiera sotto forma di stringa. Puoi salvare l'input in una variabile per utilizzarlo successivamente.

Esempio:

```
nome = input("Qual è il tuo nome? ")
print("Ciao, " + nome + "!")nome = input("Qual è il tuo nome? ")
print("Ciao, " + nome + "!")
```

Nel codice precedente, il programma chiede all'utente di inserire il proprio nome e poi lo stampa come parte del messaggio di saluto.

Tutti gli input acquisiti con input() sono stringhe, quindi se hai bisogno di un numero, devi convertirlo utilizzando int() o float().

Esempio:

```
età = input("Quanti anni hai? ")
età = int(età)  # Converte l'input da stringa a intero
print("L'anno prossimo avrai " + str(età + 1) + " anni.")
```

Riepilogo del Capitolo

In questo capitolo, hai imparato:

Cosa sono le **variabili** e come vengono utilizzate per memorizzare e manipolare dati in Python.
I principali **tipi di dati** disponibili in Python: interi, float, stringhe e booleani
Come usare gli **operatori aritmetici e logici** per manipolare i dati e prendere decisioni.
Come eseguire **conversioni tra tipi di dati**, utilizzando funzioni come int(), float(), e str().
Come ottenere **input** dall'utente con la funzione input() e come mostrare **output** con la funzione print().

Con queste basi, sei pronto per affrontare il prossimo capitolo, dove esploreremo le **strutture di controllo**, come condizioni e cicli, che ti permetteranno di costruire programmi più complessi e dinamici.

Strutture di Controllo

Ora che hai familiarizzato con le variabili, i tipi di dati e le operazioni di base, è il momento di esplorare le **strutture di controllo**. Le strutture di controllo ti permettono di prendere decisioni e ripetere blocchi di codice, rendendo i tuoi programmi più dinamici e interattivi. In questo capitolo, esploreremo le condizioni, i cicli e altre tecniche che ti permetteranno di scrivere codice più complesso e flessibile.

Condizioni con if, elif, e else

Le condizioni sono fondamentali per scrivere programmi che possano prendere decisioni. In Python, utilizziamo le istruzioni if, elif e else per eseguire blocchi di codice solo se determinate condizioni sono soddisfatte.

Sintassi di base

La struttura di un blocco condizionale è la seguente:

if condizione:

blocco di codice eseguito se la condizione è vera

elif altra_condizione:

blocco di codice eseguito se la seconda condizione è vera

else:

blocco di codice eseguito se nessuna delle condizioni precedenti è vera.

Esempio 1: Condizione if semplice.

```
età = 18

if età >= 18:
    print("Sei maggiorenne.")
else:
    print("Sei minorenne.")
```

In questo esempio, se la variabile età è maggiore o uguale a 18, il programma stamperà **"Sei maggiorenne"**, altrimenti stamperà **"Sei minorenne"**.

Esempio 2: Condizioni multiple con elif

```
punteggio = 85

if punteggio >= 90:
    print("Hai ottenuto un voto eccellente!")

elif punteggio >= 70:
    print("Hai ottenuto un buon voto.")

else:
    print("Hai bisogno di migliorare.")
```

In questo esempio, il programma controlla più condizioni. Se il punteggio è maggiore o uguale a 90 stampa un messaggio di eccellenza; se è maggiore o uguale a 70 ma inferiore a 90, stampa un messaggio positivo; in tutti gli altri casi, invita a migliorare.

Operatori relazionali e logici

Nelle condizioni, puoi usare **operatori relazionali** (come >, <, >=, <=, ==, !=) per confrontare valori, e **operatori logici** (come and, or, not) per combinare più condizioni.

Esempio:

```
età = 20
licenza_guida = True

if età >= 18 and licenza_guida:
    print("Puoi guidare.")
else:
    print("Non puoi guidare.")
```

Qui, il programma consente di guidare solo se l'utente ha almeno 18 anni **e** possiede una licenza di guida.

Cicli for e while

I **cicli** ti permettono di ripetere blocchi di codice finché una certa condizione è vera o per un numero predefinito di iterazioni.

Ciclo for

Il ciclo for viene utilizzato per iterare su una sequenza (come una lista, una stringa o un intervallo di numeri).

La sintassi di base è:

for variabile in sequenza:
# blocco di codice eseguito per ogni elemento nella sequenza

Esempio 1: Iterare su una lista

```
frutti = ["mela", "banana", "ciliegia"]
for frutto in frutti:
    print(frutto)
```

Output:

```
mela
banana
ciliegia
```

Esempio 2: Utilizzare range() per iterare su una sequenza di numeri

```
for i in range(5):
    print(i)
```

Output:

```
0
1
2
3
4
```

La funzione range(5) genera una sequenza di numeri da 0 a 4 (escludendo il 5).

Ciclo while

Il ciclo while continua a eseguire il blocco di codice finché la condizione rimane vera. La sintassi è:

while condizione:

blocco di codice eseguito finché la condizione è vera

Esempio:

```
contatore = 0

while contatore < 5:
    print(contatore)
    contatore += 1
```

Output:

```
0
1
2
3
4
```

In questo esempio, il ciclo while incrementa la variabile contatore di 1 ad ogni iterazione, finché il valore di contatore non raggiunge 5.

Uso di break e continue

A volte, potresti voler interrompere un ciclo prima che termini naturalmente. Python fornisce due parole chiave importanti per gestire questo:

break: Interrompe completamente il ciclo e salta al codice successivo.

continue: Salta alla prossima iterazione del ciclo, senza eseguire il codice rimanente nell'iterazione corrente.

Esempio di break

```
for numero in range(10):
    if numero == 5:
        break
    print(numero)
```

Output:

```
0
1
2
3
4
```

ciclo si interrompe non appena numero raggiunge 5, quindi non stampa i numeri successivi.

Esempio di continue

```
for numero in range(10):
    if numero % 2 == 0:
        continue
    print(numero)
```

Output:

```
1
3
5
7
9
```

In questo caso, continue salta l'iterazione per i numeri pari, quindi il ciclo stampa solo i numeri dispari.

Liste e cicli

Una delle applicazioni più comuni dei cicli è l'iterazione su liste o altre strutture dati. Vediamo alcuni esempi pratici di utilizzo di liste e cicli.

Esempio 1: Somma degli elementi di una lista

```
numeri = [1, 2, 3, 4, 5]
somma = 0

for numero in numeri:
    somma += numero

print("La somma è:", somma)
```

Output:

```
La somma è: 15
```

In questo esempio, il ciclo for scorre attraverso ogni elemento della lista numeri, sommando ciascun valore alla variabile somma.

Esempio 2: Ricerca di un elemento in una lista

```
frutti = ["mela", "banana", "ciliegia", "kiwi"]

for frutto in frutti:
    if frutto == "banana":
        print("Banana trovata!")
        break
```

Output:

```
Banana trovata!
```

Qui, il ciclo for cerca la parola "banana" nella lista e, una volta trovata, utilizza break per interrompere il ciclo.

Esempi pratici di strutture di controllo

Vediamo ora alcuni esempi più complessi che combinano le strutture di controllo viste finora.

Esempio 1: Programma che verifica se un numero è primo

Un numero è primo se è divisibile solo per 1 e per sé stesso. Utilizziamo un ciclo for e una condizione if per determinare se un numero è primo.

```
numero = int(input("Inserisci un numero: "))

if numero > 1:
    for i in range(2, numero):
        if numero % i == 0:
            print(f"{numero} non è un numero primo.")
            break
    else:
        print(f"{numero} è un numero primo.")
else:
    print(f"{numero} non è un numero primo.")
```

Esempio di output:

```
Inserisci un numero: 29
29 è un numero primo.
```

In questo esempio, utilizziamo un ciclo for per verificare se il numero è divisibile per qualche valore compreso tra 2 e il numero stesso. Se lo è, il ciclo si interrompe e dichiara che il numero non è primo.

Esempio 2: Calcolare la media dei voti degli studenti

Utilizziamo un ciclo while per permettere all'utente di inserire più voti e poi calcoliamo la media.

```
somma_voti = 0
numero_voti = 0

while True:
    voto = input("Inserisci un voto (o 'fine' per terminare): ")
    if voto == "fine":
        break
```

```
    somma_voti += float(voto)
    numero_voti += 1

media = somma_voti / numero_voti
print(f"La media dei voti è: {media:.2f}")
```

Output:

```
Inserisci un voto (o 'fine' per terminare): 7.5
Inserisci un voto (o 'fine' per terminare): 8
Inserisci un voto (o 'fine' per terminare): 9
Inserisci un voto (o 'fine' per terminare): fine
La media dei voti è: 8.17
```

In questo programma, l'utente può inserire voti finché lo desidera, e quando inserisce la parola "fine", il ciclo si interrompe e viene calcolata la media.

Riepilogo del Capitolo

In questo capitolo, hai imparato a:

Usare le condizioni con if, elif, e else per prendere decisioni nel codice.
Utilizzare i cicli for e while per ripetere blocchi di codice.
Controllare l'esecuzione di un ciclo con break e continue.
Iterare su liste e strutture dati per eseguire operazioni utili, come la somma o la ricerca di elementi.
Applicare le strutture di controllo per risolvere problemi pratici come il calcolo della media o la verifica dei numeri primi.

Nel prossimo capitolo, esploreremo le **funzioni**, che ti permetteranno di organizzare e riutilizzare il codice in modo efficiente e modulare.

Funzioni

Le **funzioni** sono uno dei concetti fondamentali in ogni linguaggio di programmazione, e Python non fa eccezione. Una funzione ti permette di riutilizzare blocchi di codice, semplificare la lettura e la manutenzione del tuo programma, e organizzare il tuo codice in modo più modulare e scalabile. In questo capitolo, imparerai a definire e usare le funzioni, passando dai concetti più semplici fino a tecniche più avanzate come il passaggio di argomenti e i valori di ritorno.

Definire una funzione con def

In Python, le funzioni si definiscono usando la parola chiave **def**, seguita dal nome della funzione, parentesi tonde e due punti. All'interno delle parentesi puoi specificare eventuali **parametri**. Il corpo della funzione è indentato.

Sintassi di base:

```
def nome_funzione():
    # corpo della funzione
    print("Ciao dal corpo della funzione!")
```

Per eseguire la funzione, è sufficiente chiamarla con il suo nome seguito da parentesi:

```
nome_funzione()
```

Esempio 1: Funzione che stampa un messaggio

```python
def saluta():
    print("Ciao, benvenuto in Python!")

# Chiamata della funzione
saluta()
```

Output:

```
Ciao, benvenuto in Python!
```

In questo esempio, la funzione saluta non accetta parametri e stampa semplicemente un messaggio ogni volta che viene chiamata.

Argomenti e parametri

Una funzione può accettare **argomenti** (detti anche **parametri**) che puoi passare quando la chiami. Gli argomenti sono utili per rendere le funzioni più flessibili e generiche.

Esempio 1: Funzione con un parametro

```python
def saluta(nome):
    print(f"Ciao, {nome}!")

# Chiamata della funzione con un argomento
saluta("Alice")
```

Output:

```
Ciao, Alice!
```

In questo esempio, la funzione saluta accetta un parametro nome e lo utilizza all'interno del messaggio di saluto. Quando chiamiamo la funzione, passiamo il valore "Alice" come argomento, e la funzione lo usa.

Esempio 2: Funzione con più parametri

```
def somma(a, b):
    risultato = a + b
    print(f"La somma di {a} e {b} è {risultato}")

# Chiamata della funzione con due argomenti
somma(3, 4)
```

Output:

```
La somma di 3 e 4 è 7
```

In questo esempio, la funzione somma accetta due parametri a e b e li utilizza per calcolare la somma. Puoi passare qualsiasi valore (numeri, variabili, espressioni) come argomento quando chiami la funzione.

Valore di ritorno

Spesso è utile che una funzione restituisca un valore. In Python, utilizziamo la parola chiave **return** per restituire un valore dalla funzione al punto in cui è stata chiamata.

Esempio 1: Funzione che restituisce un valore

```
def moltiplica(a, b):
    return a * b

# Chiamata della funzione e assegnazione del risultato a una
variabile
risultato = moltiplica(5, 4)
print(f"Il risultato della moltiplicazione è {risultato}")
```

Output:

```
Il risultato della moltiplicazione è 20
```

In questo esempio, la funzione moltiplica restituisce il prodotto di a e b. Quando chiamiamo la funzione, possiamo salvare il valore restituito in una variabile (risultato) per utilizzarlo successivamente.

Funzione senza valore di ritorno

Se una funzione non utilizza return, restituisce automaticamente il valore **None**, che rappresenta "nessun valore". Tuttavia, questo tipo di funzione è utile quando non ci serve un risultato esplicito, ma vogliamo eseguire un'azione, come stampare un messaggio.

```
def stampa_messaggio():
    print("Questo è un messaggio.")

risultato = stampa_messaggio()
print(risultato)  # Stampa None
```

Output:

```
Questo è un messaggio.
None
```

Scope delle variabili

Lo **scope** si riferisce alla visibilità e alla durata delle variabili all'interno del programma. Python distingue tra variabili **locali** (definite all'interno di una funzione) e variabili **globali** (definite fuori da tutte le funzioni).

Variabili locali

Le variabili create all'interno di una funzione sono **locali** e non possono essere usate al di fuori di essa.

```
def funzione_esempio():
    x = 10  # Variabile locale
    print(x)

funzione_esempio()
# print(x)  # Errore: x non è definita al di fuori della funzione
```

Output:

```
10
Errore: NameError: name 'x' is not defined
```

In questo esempio, la variabile x esiste solo all'interno della funzione funzione_esempio, quindi cercare di accedervi al di fuori della funzione genera un errore.

Variabili globali

Le variabili definite fuori da una funzione sono **globali** e possono essere utilizzate sia all'interno che all'esterno delle funzioni, a meno che non vengano ridefinite all'interno della funzione.

```python
x = 5  # Variabile globale

def funzione_esempio():
    print(x)  # Utilizza la variabile globale

funzione_esempio()
print(x)  # Funziona normalmente anche qui
```

Output:

```
5
5
```

Esempio con global

```python
x = 10

def modifica_x():
    global x  # Indica che stiamo usando la variabile globale
    x = 20

print(x)  # Output: 10
modifica_x()
print(x)  # Output: 20
```

Output:

```
10
20
```

Funzioni integrate vs funzioni definite dall'utente

Python mette a disposizione una serie di **funzioni integrate** (o **built-in**), che puoi utilizzare senza doverle definire. Alcune delle più comuni sono:

print(): Stampa un messaggio o un valore.

input(): Ottiene input dall'utente.

len(): Restituisce la lunghezza di una sequenza (come una lista o una stringa).

type(): Restituisce il tipo di un oggetto.

sum(): Somma gli elementi di una sequenza numerica.

Esempio di funzione built-in:

```
numeri = [1, 2, 3, 4, 5]
somma_numeri = sum(numeri)
print(f"La somma dei numeri è {somma_numeri}")
```

Output:

```
La somma dei numeri è 15
```

In aggiunta a queste funzioni, puoi definire le tue **funzioni definite dall'utente** (come abbiamo visto finora), creando soluzioni personalizzate per i tuoi problemi specifici.

Differenze tra funzioni built-in e definite dall'utente

Le **funzioni integrate** sono già disponibili in Python, non devi scriverle tu.

Le **funzioni definite dall'utente** sono scritte da te per risolvere problemi specifici nel tuo programma.

Le funzioni integrate sono utili per eseguire operazioni comuni e ripetitive, mentre le funzioni definite dall'utente ti permettono di personalizzare il comportamento del tuo programma.

Esempio pratico: Programma di calcolo dell'area di diverse forme

Mettiamo insieme tutto ciò che abbiamo imparato finora per creare un programma che calcola l'area di diverse forme geometriche. Definiremo una serie di funzioni per calcolare l'area di un **rettangolo**, un **cerchio** e un **triangolo**.

```
import math

# Funzione per calcolare l'area di un rettangolo
def area_rettangolo(base, altezza):
    return base * altezza

# Funzione per calcolare l'area di un cerchio
def area_cerchio(raggio):
    return math.pi * raggio ** 2

# Funzione per calcolare l'area di un triangolo
```

```python
def area_triangolo(base, altezza):
    return (base * altezza) / 2

# Programma principale
print("Calcolo dell'area di diverse forme geometriche")

while True:
    print("\nScegli una forma:")
    print("1. Rettangolo")
    print("2. Cerchio")
    print("3. Triangolo")
    print("4. Esci")

    scelta = input("Inserisci la tua scelta (1-4): ")

    if scelta == "1":
        base = float(input("Inserisci la base del rettangolo: "))
        altezza = float(input("Inserisci l'altezza del rettangolo: "))
        print(f"L'area del rettangolo è {area_rettangolo(base,
altezza):.2f}")

    elif scelta == "2":
        raggio = float(input("Inserisci il raggio del cerchio: "))
        print(f"L'area del cerchio è {area_cerchio(raggio):.2f}")

    elif scelta == "3":
        base = float(input("Inserisci la base del triangolo: "))
        altezza = float(input("Inserisci l'altezza del triangolo: "))
        print(f"L'area del triangolo è {area_triangolo(base,
altezza):.2f}")

    elif scelta == "4":
        print("Arrivederci!")
        break
```

```
else:
    print("Scelta non valida, riprova.")
```

Esempio di output:

```
Calcolo dell'area di diverse forme geometriche

Scegli una forma:
1. Rettangolo
2. Cerchio
3. Triangolo
4. Esci
Inserisci la tua scelta (1-4): 1
Inserisci la base del rettangolo: 5
Inserisci l'altezza del rettangolo: 7
L'area del rettangolo è 35.00
```

In questo programma:

Abbiamo definito tre funzioni per calcolare l'area di diverse forme geometriche.

Il programma principale chiede all'utente di scegliere una forma e di inserire i parametri necessari.

Viene utilizzato un ciclo while per ripetere il processo finché l'utente non sceglie di uscire.

Riepilogo del Capitolo

In questo capitolo, hai imparato a:

Definire funzioni utilizzando def, rendendo il tuo codice più organizzato e riutilizzabile.
Passare **argomenti e parametri** alle funzioni per renderle più flessibili.
Restituire un valore da una funzione con **return**.
Comprendere lo **scope delle variabili**, cioè dove le variabili sono accessibili nel programma.
Utilizzare sia **funzioni integrate** di Python che **funzioni definite dall'utente**.

Le funzioni sono uno strumento potente per mantenere il codice pulito, modulare e manutenibile. Nel prossimo capitolo esploreremo le **liste, tuple e dizionari**, che ti permetteranno di gestire dati strutturati in modo più efficiente.

Liste, Tuple e Dizionari

Dopo aver imparato a definire funzioni e manipolare dati in Python, è ora di esplorare le strutture dati fondamentali che ti permettono di gestire raccolte di informazioni. Le **liste**, le **tuple** e i

dizionari sono strumenti potenti e flessibili per memorizzare e lavorare con insiemi di dati. In questo capitolo vedremo come funzionano queste strutture dati, come manipolarle e quando è più appropriato usare l'una rispetto all'altra.

Cosa sono le liste e come utilizzarle

Le **liste** in Python sono collezioni ordinate e **mutevoli**, il che significa che puoi aggiungere, rimuovere o modificare elementi in esse. Le liste possono contenere elementi di qualsiasi tipo (numeri, stringhe, altre liste, ecc.) e possono essere di lunghezza variabile.

Sintassi di base:

Le liste si creano racchiudendo gli elementi tra parentesi quadre [], separati da virgole.

Esempio:

```
frutti = ["mela", "banana", "ciliegia"]
numeri = [1, 2, 3, 4, 5]
mista = ["Python", 3.14, True]
```

Accesso agli elementi di una lista

Puoi accedere agli elementi di una lista utilizzando l'**indice**. In Python, gli indici partono da 0.

Esempio:

```
frutti = ["mela", "banana", "ciliegia"]
print(frutti[0])  # Stampa: mela
print(frutti[2])  # Stampa: ciliegia
```

Puoi anche usare indici negativi per accedere agli elementi dalla fine della lista:

```
frutti = ["mela", "banana", "ciliegia"]
print(frutti[-1])  # Stampa: ciliegia
print(frutti[-2])  # Stampa: banana
```

Modifica degli elementi di una lista

Essendo una struttura mutevole, puoi cambiare gli elementi di una lista assegnando un nuovo valore a un determinato indice.

Esempio:

```
frutti = ["mela", "banana", "ciliegia"]
frutti[1] = "arancia"
print(frutti)  # Stampa: ['mela', 'arancia', 'ciliegia']
```

Aggiungere e rimuovere elementi

Puoi aggiungere nuovi elementi a una lista utilizzando il metodo append(), che inserisce un elemento alla fine della lista, o insert(), che ti permette di specificare la posizione.

Esempio:

```
frutti = ["mela", "banana"]
frutti.append("ciliegia")
print(frutti)  # Stampa: ['mela', 'banana', 'ciliegia']

frutti.insert(1, "arancia")
print(frutti)  # Stampa: ['mela', 'arancia', 'banana', 'ciliegia']
```

Per rimuovere un elemento, puoi usare il metodo remove() o pop() (quest'ultimo rimuove e restituisce l'elemento in una data posizione, o l'ultimo elemento se nessuna posizione è specificata).

Esempio:

```
frutti.remove("arancia")
print(frutti)  # Stampa: ['mela', 'banana', 'ciliegia']

frutto_rimosso = frutti.pop()
print(frutto_rimosso)  # Stampa: ciliegia
print(frutti)  # Stampa: ['mela', 'banana']
```

Slicing delle liste

Lo **slicing** ti permette di ottenere una sotto-lista, specificando l'inizio e la fine degli indici.

Esempio:

```
numeri = [0, 1, 2, 3, 4, 5]
sotto_lista = numeri[1:4]  # Prende gli elementi da indice 1 a 3
print(sotto_lista)  # Stampa: [1, 2, 3]
```

Tuple e le loro differenze con le liste

Le **tuple** sono simili alle liste, ma sono **immutabili**, il che significa che una volta create, i loro elementi non possono essere modificati. Le tuple si usano quando vuoi memorizzare una sequenza di elementi che non deve essere cambiata.

Sintassi di base:

Le tuple si creano racchiudendo gli elementi tra parentesi tonde ().

Esempio:

```
coordinate = (10, 20)
animali = ("cane", "gatto", "uccello")
```

Accesso agli elementi di una tupla

Come le liste, puoi accedere agli elementi di una tupla utilizzando l'indice:

```
print(coordinate[0])  # Stampa: 10
```

Differenze principali con le liste:

Immutabilità: Gli elementi di una tupla non possono essere modificati dopo la creazione.

```
animali = ("cane", "gatto", "uccello")
animali[1] = "pesce"  # Errore: TypeError
```

Performance: Le tuple sono generalmente più veloci e richiedono meno memoria rispetto alle liste.

Usi comuni: Le tuple sono spesso utilizzate per gruppi di dati immutabili, come coordinate o dati che non devono cambiare.

Esempio pratico:

```
coordinate = (10, 20)
print(f"Le coordinate sono: x = {coordinate[0]}, y = {coordinate[1]}")
```

Dizionari e loro utilizzo

I **dizionari** sono collezioni non ordinate di coppie **chiave-valore**. Invece di usare un indice numerico, ogni elemento in un dizionario è associato a una chiave univoca. I dizionari sono utili quando hai bisogno di associare dei valori a delle etichette o chiavi.

Sintassi di base:

I dizionari si creano utilizzando parentesi graffe {}, con ogni coppia chiave-valore separata da due punti :.

Esempio:

```
studente = {
    "nome": "Mario",
    "età": 21,
    "città": "Roma"
}
```

Accesso ai valori di un dizionario

Puoi accedere ai valori di un dizionario utilizzando le chiavi:

```
print(studente["nome"])  # Stampa: Mario
print(studente["età"])  # Stampa: 21
```

Aggiungere, modificare e rimuovere elementi

Aggiungere o modificare: Per aggiungere o aggiornare una coppia chiave-valore, basta assegnarla.

```
studente["corso"] = "Informatica"

print(studente)  # Aggiunge la chiave "corso"
```

Rimuovere: Puoi rimuovere un elemento utilizzando il metodo pop() o l'operatore del.

```
studente.pop("città")
print(studente)  # Rimuove la chiave "città"
```

Iterare su un dizionario

Puoi iterare su un dizionario per ottenere le chiavi o i valori utilizzando un ciclo for.

Esempio:

```
studente = {"nome": "Mario", "età": 21, "città": "Roma"}

# Iterare sulle chiavi
for chiave in studente:
    print(chiave)  # Stampa: nome, età, città

# Iterare su chiavi e valori
for chiave, valore in studente.items():
    print(f"{chiave}: {valore}")
```

Output:

```
nome: Mario
età: 21
città: Roma
```

Metodi comuni per liste e dizionari:

Metodi delle liste

Ecco alcuni metodi comuni che puoi usare con le liste:

append(): Aggiunge un elemento alla fine della lista.

remove(): Rimuove il primo elemento che corrisponde al valore specificato.

pop(): Rimuove e restituisce l'elemento in una posizione specificata.

sort(): Ordina gli elementi della lista.

reverse(): Inverte l'ordine degli elementi della lista.

Esempio:

```
numeri = [5, 2, 9, 1]
numeri.sort()  # Ordina la lista
print(numeri)  # Stampa: [1, 2, 5, 9]
```

Metodi dei dizionari:

Ecco alcuni metodi utili per lavorare con i dizionari:

keys(): Restituisce tutte le chiavi del dizionario.

values(): Restituisce tutti i valori del dizionario.

items(): Restituisce tutte le coppie chiave-valore del dizionario.

get(): Restituisce il valore di una chiave, o un valore di default se la chiave non esiste.

pop(): Rimuove e restituisce il valore associato a una chiave.

Esempio:

```
studente = {"nome": "Mario", "età": 21}

# Ottenere tutte le chiavi
print(studente.keys())  # Stampa: dict_keys(['nome', 'età'])

# Ottenere tutti i valori
print(studente.values())  # Stampa: dict_values(['Mario', 21])

# Usare get() per ottenere un valore con chiave
```

```
print(studente.get("città", "Chiave non trovata"))   # Stampa:
Chiave non trovata
```

Iterare su strutture dati complesse

Le strutture dati come liste e dizionari possono essere annidate, cioè possono contenere altre liste o dizionari al loro interno. Vediamo come iterare su queste strutture complesse.

Esempio: Lista di dizionari

```
studenti = [
    {"nome": "Mario", "età": 21},
    {"nome": "Luisa", "età": 23},
    {"nome": "Giulia", "età": 20}
]

for studente in studenti:
    print(f"Nome: {studente['nome']}, Età: {studente['età']}")
```

Output:

```
Nome: Mario, Età: 21
Nome: Luisa, Età: 23
Nome: Giulia, Età: 20
```

In questo esempio, stiamo iterando su una lista di dizionari, accedendo alle chiavi all'interno di ogni dizionario.

Esempio: Dizionario con liste

```
corsi = {
    "Matematica": ["Mario", "Luisa"],
    "Informatica": ["Giulia", "Francesco"]
}

for corso, studenti in corsi.items():
    print(f"Corso: {corso}")
    for studente in studenti:
        print(f" - {studente}")
```

Output:

```
Corso: Matematica
- Mario
- Luisa
Corso: Informatica
- Giulia
- Francesco
```

Riepilogo del Capitolo

In questo capitolo, hai imparato:

A creare e manipolare **liste**, una struttura dati mutevole che ti permette di lavorare con sequenze ordinate di elementi.
Le **tuple**, una struttura simile alle liste, ma immutabile, utile per dati che non devono essere modificati.
I **dizionari**, che memorizzano coppie chiave-valore e ti permettono di organizzare i dati in modo più descrittivo e dinamico.
Come utilizzare i **metodi comuni** per liste e dizionari per ordinare, aggiungere, rimuovere e gestire i dati
Come utilizzare i **metodi comuni** per liste e dizionari per ordinare, aggiungere, rimuovere e gestire i dati.

Queste strutture dati sono fondamentali per gestire dati in Python. Nel prossimo capitolo, esploreremo come Python gestisce gli **errori e le eccezioni**, per scrivere codice più robusto e resistente agli imprevisti.

Gestione degli Errori e delle Eccezioni

Quando scrivi codice, è inevitabile che si verifichino errori. Possono accadere per diversi motivi: input non valido, divisioni per zero, file mancanti, ecc. Python gestisce questi errori usando le **eccezioni**, che ti permettono di identificare e gestire in modo controllato i problemi durante l'esecuzione del programma. In questo capitolo imparerai a riconoscere gli errori più comuni e a gestirli utilizzando la struttura try, except e altre tecniche di gestione delle eccezioni.

Cos'è un'eccezione in Python

Un'**eccezione** è un evento che si verifica durante l'esecuzione di un programma e interrompe il normale flusso delle operazioni. Quando Python incontra un errore, solleva un'eccezione, bloccando il programma a meno che l'errore non venga gestito in modo esplicito.

Tipi comuni di eccezioni

Python ha molti tipi di eccezioni integrate. Ecco alcune delle più comuni:

ZeroDivisionError: Si verifica quando tenti di dividere un numero per zero.

ValueError: Si verifica quando passi un tipo di dato non valido a una funzione (ad esempio, convertire una stringa non numerica in un numero).

TypeError: Si verifica quando usi un'operazione o una funzione con un tipo di dato non appropriato.

FileNotFoundError: Si verifica quando tenti di aprire un file che non esiste.

Esempio: Errore senza gestione

```
print(10 / 0)  # Provoca ZeroDivisionError
```

Output:

```
ZeroDivisionError: division by zero
```

Questo è un errore che interrompe il programma. Per evitare che ciò accada, possiamo gestire l'errore utilizzando try e except.

Uso del blocco try, except, finally

La gestione delle eccezioni in Python viene implementata tramite i blocchi try e except. Quando si sospetta che un'operazione possa generare un'eccezione, la si inserisce nel blocco try. Se si verifica un'eccezione, Python esegue il codice nel blocco except, che contiene istruzioni su cosa fare quando si verifica quell'errore.

Sintassi di base

```
try:
    # Blocco di codice che potrebbe generare un'eccezione
    # Ad esempio:
    # risultato = 10 / 0  # Genera una ZeroDivisionError
    # numero = int("abc") # Genera una ValueError
```

```
    print("Tentativo di esecuzione...")
except TipoDiEccezione:
    # Blocco di codice da eseguire se si verifica quell'eccezione
    print("Si è verificata un'eccezione di tipo TipoDiEccezione")
```

Esempio: Gestione di un'eccezione

```
try:
    numero = int(input("Inserisci un numero: "))
    risultato = 10 / numero
    print(f"Il risultato è {risultato}")
except ZeroDivisionError:
    print("Errore: Non puoi dividere per zero!")
except ValueError:
    print("Errore: Inserisci un numero valido.")
```

Output:

```
Inserisci un numero: 0
Errore: Non puoi dividere per zero!
```

In questo esempio, gestiamo due tipi di eccezioni: ZeroDivisionError e ValueError. Se l'utente inserisce zero, l'eccezione ZeroDivisionError viene catturata e gestita. Se l'utente inserisce una stringa anziché un numero, viene gestito il ValueError.

Blocco finally

Oltre a try ed except, Python fornisce un blocco opzionale chiamato **finally**. Questo blocco viene eseguito **sempre**, sia che si verifichi un'eccezione sia che il blocco try venga eseguito correttamente. È utile per eseguire operazioni di pulizia, come la chiusura di file o connessioni di rete.

```
try:
    numero = int(input("Inserisci un numero: "))
    risultato = 10 / numero
except ZeroDivisionError:
    print("Errore: divisione per zero.")
except ValueError:
    print("Errore: tipo di dato non valido.")
finally:
    print("Fine del programma.")
```

Output:

```
Inserisci un numero: 0
Errore: divisione per zero.
Fine del programma.
```

Anche se si verifica un errore, il blocco finally viene comunque eseguito.

Creare eccezioni personalizzate

Python ti permette di definire le tue **eccezioni personalizzate**. Questo può essere utile quando vuoi gestire condizioni di errore specifiche che non sono coperte dalle eccezioni predefinite.

Esempio: Eccezione personalizzata

Supponiamo di voler gestire un errore quando l'utente inserisce un numero negativo, che non è permesso in un certo contesto.

```
class NumeroNegativoError(Exception):
    pass

def calcola_radicedi(numero):
    if numero < 0:
        raise NumeroNegativoError("Il numero non può essere
negativo")
    return numero ** 0.5

try:
    numero = int(input("Inserisci un numero: "))
    print(f"La radice quadrata è: {calcola_radicedi(numero)}")
except NumeroNegativoError as e:
    print(e)
except ValueError:
    print("Inserisci un numero valido.")
```

Output:

```
Inserisci un numero: -4
Il numero non può essere negativo
```

In questo esempio, abbiamo definito una nuova eccezione chiamata NumeroNegativoError. Se l'utente inserisce un numero negativo, la funzione calcola_radicedi() solleva questa eccezione personalizzata.

Debugging di base

Il **debugging** è il processo di individuazione e correzione degli errori nel codice. La gestione delle eccezioni è una parte importante del debugging, ma ci sono anche altri strumenti e tecniche che puoi utilizzare.

Uso di print() per il debugging

Un modo semplice per fare debugging è aggiungere istruzioni print() per verificare lo stato delle variabili e seguire il flusso del programma.

Esempio:

```python
def calcola_media(voti):
    print(f"Lista voti: {voti}")  # Per vedere i dati che arrivano
    somma = sum(voti)
    print(f"Somma voti: {somma}")  # Per verificare la somma
    return somma / len(voti)

voti = [28, 30, 25, 24]
media = calcola_media(voti)
print(f"La media è: {media}")
```

Utilizzare print() è un metodo rapido per visualizzare ciò che accade in diverse parti del codice, anche se può essere inefficiente nei progetti più grandi.

Il modulo pdb: Debugger interattivo

Python ha un debugger integrato chiamato **pdb**, che ti permette di eseguire il programma passo passo e analizzare lo stato delle variabili durante l'esecuzione.

Esempio di utilizzo di pdb:

```python
import pdb

def calcola_media(voti):
    pdb.set_trace()  # Interrompe l'esecuzione qui
    somma = sum(voti)
```

```
    return somma / len(voti)

voti = [28, 30, 25, 24]
media = calcola_media(voti)
print(f"La media è: {media}")
```

Quando il debugger si attiva, puoi inserire comandi come n (next) per andare alla prossima istruzione, p per stampare il valore di una variabile e c per continuare l'esecuzione.

Best practices per la gestione degli errori

Gestire gli errori in modo efficace non significa solo catturare le eccezioni: è importante farlo in modo che il programma rimanga robusto e manutenibile. Ecco alcune **best practices** per la gestione delle eccezioni.

Gestire solo le eccezioni che ti aspetti: Evita di catturare eccezioni generiche come Exception senza un motivo preciso, perché potresti nascondere errori più gravi. Cerca di catturare solo le eccezioni specifiche che il tuo codice potrebbe sollevare.

```
try:
    risultato = 10 / numero
except ZeroDivisionError:
    print("Errore: Non puoi dividere per zero!")
```

Usare eccezioni specifiche: Cerca di utilizzare eccezioni predefinite o personalizzate, in modo da rendere più chiaro quale errore stai gestendo.

Mantenere i blocchi try piccoli: Evita di avvolgere grandi porzioni di codice all'interno di un singolo blocco try.

Tieni i blocchi try brevi e specifici, in modo che sia più facile capire dove si trova l'errore.

Esempio di blocco `try` conciso

```
try:
    risultato = 10 / numero
except ZeroDivisionError:
    print("Errore: Non puoi dividere per zero!")
```

Registrare gli errori: Nei programmi più grandi o in produzione, è utile **registrare** (loggare) gli errori, in modo da avere un registro degli eventi problematici. Puoi farlo utilizzando il modulo logging di Python.

```
import logging

logging.basicConfig(filename='errori.log', level=logging.ERROR)

try:
    numero = int(input("Inserisci un numero: "))
    risultato = 10 / numero
except ZeroDivisionError as e:
    logging.error(f"Errore: {e}")
```

Non abusare del blocco finally: Utilizza il blocco finally solo per operazioni che devono essere eseguite sempre, come la chiusura di file o risorse.

Sii chiaro nei messaggi di errore: Quando fornisci messaggi di errore all'utente, assicurati che siano utili e comprensibili. Evita di mostrare errori tecnici come stack trace non gestiti, a meno che non stai eseguendo il debug.

Riepilogo del Capitolo

In questo capitolo, hai imparato a:

Capire cosa sono le **eccezioni** e come funzionano in Python.
Gestire le eccezioni con i blocchi **try, except** e usare **finally** per operazioni che devono sempre essere eseguite.
Creare e sollevare **eccezioni personalizzate** per gestire condizioni specifiche nel tuo programma.
Usare tecniche di **debugging** di base, come l'inserimento di print() o l'uso del modulo **pdb.**
Adottare alcune **best practices** per rendere il tuo codice più robusto e manutenibile.

La gestione delle eccezioni è una parte essenziale della scrittura di codice sicuro e affidabile. Nel prossimo capitolo, esploreremo come lavorare con i **file** in Python, leggendo e scrivendo dati da e verso il filesystem.

File e Input/Output

Gestire i file è una delle operazioni più comuni in qualsiasi linguaggio di programmazione, Python incluso. Con Python, puoi leggere e scrivere file per memorizzare dati, fare report, gestire input dall'utente e molto altro. In questo capitolo, esploreremo le operazioni di **lettura** e **scrittura** di file, con particolare attenzione ai file di testo e ai file CSV. Imparerai anche come gestire dati in formati più complessi come JSON, utilizzando tecniche di serializzazione e deserializzazione.

Lettura di file

La lettura di un file in Python è abbastanza semplice. Prima di poter leggere il contenuto di un file, è necessario **aprire il file**. Puoi aprire un file in diversi **modi di apertura** (modalità), a seconda di ciò che desideri fare. La modalità più comune per la lettura è "r" (read).

Sintassi di base per l'apertura di un file:

```
file = open('nomefile.txt', 'r')  # Apre il file in modalità lettura
contenuto = file.read()  # Legge tutto il contenuto del file
file.close()  # Chiude il file
```

Esempio: Supponiamo di avere un file chiamato dati.txt con il seguente contenuto:

```
Ciao, come stai?
Benvenuto in Python.
Buona giornata!
```

Codice per leggere l'intero contenuto del file:

```
file = open('dati.txt', 'r')
contenuto = file.read()
print(contenuto)
file.close()
```

Output:

```
Ciao, come stai?
Benvenuto in Python.
Buona giornata!
```

Lettura riga per riga

Se desideri leggere il file riga per riga, puoi usare il metodo readline() o iterare direttamente sul file.

Esempio:

```
file = open('dati.txt', 'r')

# Legge il file riga per riga
for riga in file:
    print(riga.strip())  # Rimuove eventuali spazi vuoti o caratteri
di nuova linea

file.close()
```

Output:

```
Ciao, come stai?
Benvenuto in Python.
Buona giornata!
```

Usare il blocco with per gestire i file

Una pratica migliore per gestire i file in Python è utilizzare il blocco **with**, che gestisce automaticamente l'apertura e la chiusura del file, anche in caso di errori.

Esempio:

```
with open('dati.txt', 'r') as file:
    contenuto = file.read()
    print(contenuto)
# Il file è automaticamente chiuso alla fine del blocco `with`
```

Scrittura su file

Oltre alla lettura, Python ti permette di **scrivere** su file. Puoi aprire un file in modalità **scrittura** ("w") o in modalità **append** ("a"), che aggiunge il testo alla fine di un file esistente senza sovrascriverlo.
Scrittura in un file ("w"):
La modalità "w" crea un nuovo file se non esiste o sovrascrive un file esistente.

Esempio:

```
with open('output.txt', 'w') as file:
    file.write("Questa è la prima riga.\n")
    file.write("E questa è la seconda riga.\n")
```

In questo esempio, il file output.txt viene creato (o sovrascritto se esiste già), e due righe vengono scritte al suo interno.

Aggiunta a un file ("a"):
Se vuoi aggiungere nuove righe senza cancellare il contenuto esistente, usa la modalità "a" (append).

Esempio:

```
with open('output.txt', 'a') as file:
    file.write("Questa è una riga aggiuntiva.\n")
```

Questo codice aggiunge una nuova riga al file output.txt senza cancellare le righe già esistenti.

Scrivere una lista di righe

Se hai una lista di stringhe che vuoi scrivere su un file, puoi utilizzare writelines().

Esempio:

```
righe = ["Prima riga\n", "Seconda riga\n", "Terza riga\n"]
with open('output.txt', 'w') as file:
    file.writelines(righe)
```

Questo esempio scrive tutte le righe della lista righe nel file output.t

Gestione di file CSV

I file **CSV** (Comma-Separated Values) sono uno dei formati più comuni per memorizzare dati tabulari, come fogli di calcolo o report di database. Python ha il modulo integrato **csv** che semplifica la lettura e la scrittura di file CSV.

Lettura di un file CSV

Per leggere un file CSV, puoi usare la funzione csv.reader(). Supponiamo di avere un file chiamato studenti.csv con il seguente contenuto:

Nome	Età	Città
Mario	21	Roma
Luisa	23	Milano
Giulia	20	Napoli

Esempio:

```
import csv

with open('studenti.csv', 'r') as file:
    lettore_csv = csv.reader(file)
    for riga in lettore_csv:
        print(riga)
```

Output:

```
['nome', 'età', 'città']
['Mario', '21', 'Roma']
['Luisa', '23', 'Milano']
['Giulia', '20', 'Napoli']
```

Scrittura di un file CSV

Per scrivere un file CSV, puoi usare csv.writer(). Ecco come scrivere una lista di dati in un file CSV:

Esempio:

```
import csv

dati = [
    ["nome", "età", "città"],
    ["Marco", 22, "Torino"],
```

```
    ["Francesca", 24, "Firenze"]
]
with open('nuovi_studenti.csv', 'w', newline='') as file:
    scrittore_csv = csv.writer(file)
    scrittore_csv.writerows(dati)
```

In questo esempio, creiamo un nuovo file CSV chiamato nuovi_studenti.csv e scriviamo una tabella di dati.

Introduzione a JSON e pickle

Oltre ai file di testo e CSV, Python fornisce strumenti per gestire file più complessi come i file **JSON**. JSON (JavaScript Object Notation) è un formato comune per lo scambio di dati, particolarmente usato in applicazioni web.

Lavorare con JSON

Il modulo json di Python permette di convertire dati Python in formato JSON e viceversa. È utile per serializzare dati in un formato leggibile e facilmente scambiabile tra programmi o API.

Scrittura di dati JSON

Esempio:

```
import json

dati = {
    "nome": "Alice",
    "età": 25,
    "città": "Firenze"
}
```

```
with open('dati.json', 'w') as file:
    json.dump(dati, file)  # Scrive il dizionario come file JSON
```

Questo codice scrive un dizionario Python in un file dati.json in formato JSON.

Lettura di dati JSON

Esempio:

```
import json

with open('dati.json', 'r') as file:
    dati_caricati = json.load(file)  # Carica i dati dal file JSON
    print(dati_caricati)
```

Output:

```
{'nome': 'Alice', 'età': 25, 'città': 'Firenze'}
```

Uso del modulo pickle

Pickle è un altro modulo Python che permette di **serializzare** (convertire in byte) oggetti complessi come liste, dizionari o interi oggetti, e poi deserializzarli. Pickle è più potente di JSON perché può gestire oggetti più complessi, ma i file pickle non sono leggibili dall'uomo.

Scrittura di dati con pickle

Esempio:

```python
import pickle

dati = {
    "nome": "Luca",
    "età": 30,
    "professioni": ["ingegnere", "programmatore"]
}

with open('dati.pkl', 'wb') as file:
    pickle.dump(dati, file)   # Scrive i dati in formato pickle
(binario)
```

Lettura di dati con pickle

Esempio:

```python
import pickle

with open('dati.pkl', 'rb') as file:
    dati_caricati = pickle.load(file)
    print(dati_caricati)
```

Output:

```
{'nome': 'Luca', 'età': 30, 'professioni': ['ingegnere',
'programmatore']}
```

Best practices per la gestione dei file

Quando lavori con file in Python, ci sono alcune **best practices** che dovresti tenere a mente per evitare problemi.

Chiudere sempre i file: Usa il blocco with per assicurarti che i file siano sempre chiusi correttamente, anche in caso di errori

```
with open('file.txt', 'r') as file:
    contenuto = file.read()
```

Gestire gli errori: Usa i blocchi try-except per gestire eventuali errori come file mancanti o problemi di permessi.

```
try:
    with open('file.txt', 'r') as file:
        contenuto = file.read()
except FileNotFoundError:
    print("Errore: Il file non esiste.")
```

Usare percorsi relativi e assoluti: Usa percorsi relativi per mantenere il tuo codice più portabile, ma se devi lavorare con percorsi complessi, usa os.path per costruire i percorsi in modo sicuro.

```
import os

percorso = os.path.join('cartella', 'file.txt')
```

Lavorare con grandi quantità di dati: Se devi lavorare con file molto grandi, usa la lettura riga per riga o in blocchi per evitare di esaurire la memoria.

```
with open('file_grande.txt', 'r') as file:
    for riga in file:
```

```
processa_riga(riga)
```

Verificare sempre se i file esistono prima di manipolarli: Usa os.path.exists() o os.path.isfile() per verificare se un file esiste prima di leggerlo o scriverlo.

Riepilogo del Capitolo

In questo capitolo hai imparato a:

Leggere e **scrivere** file di testo in Python.
Utilizzare il blocco **with** per gestire i file in modo sicuro e efficiente.
Gestire file **CSV** utilizzando il modulo integrato **csv**.
Serializzare e deserializzare dati usando i formati **JSON** e **pickle**.
Adottare **best practices** per la gestione dei file, tra cui la gestione degli errori e l'uso di percorsi sicuri.

Nel prossimo capitolo, affronteremo la **Programmazione Orientata agli Oggetti (OOP)**, un paradigma che ti permetterà di organizzare il tuo codice in modo più strutturato e modulare.

Introduzione alla Programmazione Orientata agli Oggetti (OOP)

La **Programmazione Orientata agli Oggetti (OOP)** è uno dei paradigmi di programmazione più utilizzati per la creazione di software complessi e scalabili. In Python, l'OOP ti permette di organizzare il codice in **oggetti**, che sono rappresentazioni di entità del mondo reale con **attributi** (dati) e **metodi** (funzionalità). Questo capitolo ti introdurrà ai concetti fondamentali dell'OOP, come **classi**, **oggetti**, **ereditarietà**, e ti mostrerà come utilizzarli per scrivere codice più modulare e manutenibile.

Concetti base di OOP (classi e oggetti)

La Programmazione Orientata agli Oggetti si basa su due concetti chiave:

Classi: Sono modelli o blueprint da cui vengono creati gli oggetti.

Oggetti: Sono istanze delle classi. Ogni oggetto ha attributi e metodi specifici definiti dalla classe.

Definizione di una classe

Una **classe** si definisce con la parola chiave class. Dentro la classe, puoi definire attributi (variabili) e metodi (funzioni) che rappresentano le caratteristiche e i comportamenti di un oggetto.

Esempio di una classe base:

```
class Cane:
    # Metodo costruttore
    def __init__(self, nome, razza):
        self.nome = nome  # Attributo nome
        self.razza = razza  # Attributo razza

    # Metodo per far abbaiare il cane
    def abbaia(self):
        print(f"{self.nome} sta abbaiando!")
```

In questo esempio, Cane è una classe che ha due attributi (nome e razza) e un metodo (abbaia).

Creazione di un oggetto

Un **oggetto** si crea istanziando una classe. Gli oggetti sono "istanze" di una classe e possono avere valori unici per i loro attributi.

Esempio:

```
class Cane:
    # Metodo costruttore
    def __init__(self, nome, razza):
        self.nome = nome  # Attributo nome
        self.razza = razza  # Attributo razza

    # Metodo per far abbaiare il cane
    def abbaia(self):
        print(f"{self.nome} sta abbaiando!")

mio_cane = Cane("Fido", "Labrador")  # Creiamo un oggetto
della classe Cane
mio_cane.abbaia() # Output: Fido sta abbaiando!
```

Qui, abbiamo creato un oggetto mio_cane della classe Cane con nome "Fido" e razza "Labrador", e abbiamo chiamato il metodo abbaia().

Attributi e metodi

Gli **attributi** sono le variabili associate a un oggetto e definiscono lo stato di un oggetto. I **metodi** sono funzioni definite all'interno di una classe che descrivono i comportamenti dell'oggetto.

Attributi di istanza

Gli attributi di istanza vengono definiti all'interno del metodo **__init__**, che è il costruttore della classe. Questo metodo viene chiamato automaticamente quando un nuovo oggetto viene creato.

Esempio:

```
class Studente:
    def __init__(self, nome, matricola):
        self.nome = nome  # Attributo nome
        self.matricola = matricola  # Attributo matricola

    def descrivi(self):
        print(f"Studente: {self.nome}, Matricola: {self.matricola}")
```

Ogni volta che creiamo un oggetto della classe Studente, possiamo assegnare valori diversi agli attributi nome e matricola.

```
studente1 = Studente("Alice", 12345)    studente2 = Studente("Bob", 67890)    studente1.descrivi()  # Output: Studente: Alice, Matricola:  12345 studente2.descrivi()  # Output: Studente: Bob, Matricola: 67890
```

Metodi di istanza

I metodi sono definiti all'interno della classe e utilizzano l'argomento self per accedere agli attributi e metodi dell'oggetto.

Esempio:

```python
class Rettangolo:
    def __init__(self, base, altezza):
        self.base = base
        self.altezza = altezza

    def area(self):
        return self.base * self.altezza

    def perimetro(self):
        return 2 * (self.base + self.altezza)
```

In questo esempio, Rettangolo ha un metodo area() che calcola l'area e un metodo perimetro() che calcola il perimetro.

```python
rettangolo1 = Rettangolo(5, 10)
print(rettangolo1.area())      # Output: 50
print(rettangolo1.perimetro()) # Output: 30
```

Ereditarietà e polimorfismo

L'ereditarietà è un meccanismo che permette di creare una nuova classe basata su una classe esistente, ereditando attributi e metodi dalla classe "genitore".

Questo consente di riutilizzare il codice e di estendere le funzionalità di una classe.

Esempio di ereditarietà

Definiamo una classe Animale e una classe Cane che eredita da Animale.

```
class Animale:
    def __init__(self, nome):
        self.nome = nome

    def dormi(self):
        print(f"{self.nome} sta dormendo.")

# Classe derivata da Animale
class Cane(Animale):
    def abbaia(self):
        print(f"{self.nome} sta abbaiando!")
```

La classe Cane eredita il metodo dormi() dalla classe Animale, ma ha anche il suo metodo abbaia().

```
cane1 = Cane("Fido")
cane1.dormi()  # Output: Fido sta dormendo.
cane1.abbaia()  # Output: Fido sta abbaiando!
```

Polimorfismo

Il **polimorfismo** consente di usare lo stesso nome di metodo in classi diverse, con implementazioni differenti. Ciò permette di trattare oggetti di diverse classi in modo uniforme.

Esempio:

```
class Gatto(Animale):
    def miagola(self):
        print(f"{self.nome} sta miagolando.")
animali = [Cane("Rex"), Gatto("Micio")]

for animale in animali:
    animale.dormi()  # Entrambi gli oggetti chiamano il metodo
dormi()
```

Output:

```
Rex sta dormendo.
Micio sta dormendo.
```

Sebbene Cane e Gatto siano oggetti di classi diverse, entrambi condividono il metodo dormi() grazie all'ereditarietà da Animale.

Incapsulamento

'incapsulamento è una proprietà dell'OOP che consente di nascondere i dettagli interni di un oggetto e di esporre solo ciò che è necessario per utilizzarlo. In Python, si utilizzano **attributi privati** per impedire l'accesso diretto a determinate informazioni.
Attributi privati

Per rendere un attributo "privato" (non accessibile direttamente dall'esterno della classe), si usa il doppio underscore __ prima del nome dell'attributo.

Esempio:

```python
class ContoBancario:
    def __init__(self, titolare, saldo):
        self.titolare = titolare
        self.__saldo = saldo  # Attributo privato

    def deposita(self, importo):
        self.__saldo += importo
    def mostra_saldo(self):
        print(f"Il saldo di {self.titolare} è {self.__saldo} euro.")
```

In questo esempio, l'attributo __saldo è privato e non può essere modificato direttamente dall'esterno della classe.

```python
conto = ContoBancario("Mario", 1000)
conto.mostra_saldo()  # Output: Il saldo di Mario è 1000 euro.
conto.deposita(500)
conto.mostra_saldo()  # Output: Il saldo di Mario è 1500 euro.
```

Se tentiamo di accedere a __saldo direttamente, otterremo un errore:

```python
print(conto.__saldo)  # Errore: AttributeError
```

Accesso controllato con getter e setter

Per accedere o modificare un attributo privato, possiamo definire metodi **getter** e **setter**.

Esempio:

```
class ContoBancario:
    def __init__(self, titolare, saldo):
        self.titolare = titolare
        self.__saldo = saldo

    # Getter
    def get_saldo(self):
        return self.__saldo

    # Setter
    def set_saldo(self, nuovo_saldo):
        if nuovo_saldo >= 0:
            self.__saldo = nuovo_saldo
        else:
            print("Il saldo non può essere negativo.")
```

Ora possiamo accedere a __saldo in modo controllato:

```
conto = ContoBancario("Mario", 1000)
print(conto.get_saldo())  # Output: 1000
conto.set_saldo(2000)
print(conto.get_saldo())  # Output: 2000
```

Applicazioni pratiche della OOP

La Programmazione Orientata agli Oggetti è utile in numerosi contesti reali, specialmente quando si tratta di progetti complessi che richiedono un'organizzazione strutturata del codice. Vediamo alcuni esempi pratici di utilizzo della OOP.

Esempio 1: Gestione di una libreria di libri

Immagina di dover gestire una libreria con vari libri. Ogni libro ha un titolo, un autore e una disponibilità.

```python
class Libro:
    def __init__(self, titolo, autore, disponibile=True):
        self.titolo = titolo
        self.autore = autore
        self.disponibile = disponibile

    def presta(self):
        if self.disponibile:
            self.disponibile = False
            print(f"Il libro '{self.titolo}' è stato prestato.")
        else:
            print(f"Il libro '{self.titolo}' non è disponibile.")
    def restituisci(self):
        self.disponibile = True
        print(f"Il libro '{self.titolo}' è stato restituito.")
```

Esempio di utilizzo:

```python
libro1 = Libro("Il signore degli anelli", "J.R.R. Tolkien")
libro2 = Libro("1984", "George Orwell")

libro1.presta()  # Output: Il libro 'Il signore degli anelli' è stato
prestato.
libro1.presta()  # Output: Il libro 'Il signore degli anelli' non è
disponibile.
libro1.restituisci()  # Output: Il libro 'Il signore degli anelli' è
stato restituito.
```

Esempio 2: Sistema di gestione di studenti

Un altro esempio pratico può essere un sistema per gestire gli studenti di una scuola.

```python
class Studente:
    def __init__(self, nome, matricola, voti=None):
        self.nome = nome
        self.matricola = matricola
        self.voti = voti if voti else []

    def aggiungi_voto(self, voto):
        self.voti.append(voto)

    def media_voti(self):
        return sum(self.voti) / len(self.voti) if self.voti else 0
```

Esempio di utilizzo:

```python
studente1 = Studente("Alice", 12345)
studente1.aggiungi_voto(28)
studente1.aggiungi_voto(30)
print(f"La     media    di    {studente1.nome}    è
{studente1.media_voti()}")  # Output: La media di Alice è 29.0
```

Riepilogo del Capitolo

In questo capitolo hai imparato i concetti fondamentali della **Programmazione Orientata agli Oggetti (OOP)**, tra cui:

Come definire **classi** e creare **oggetti**.
Come lavorare con **attributi** e **metodi** per rappresentare dati e comportamenti.
L'uso dell'**ereditarietà** per riutilizzare e estendere le funzionalità delle classi.
Il **polimorfismo**, che ti permette di utilizzare lo stesso metodo in classi diverse.
Come gestire l'**incapsulamento** per nascondere i dettagli interni degli oggetti e controllare l'accesso ai dati.

La OOP è un paradigma potente che ti permette di scrivere codice più organizzato e scalabile, particolarmente utile nei progetti più complessi. Ora che hai una solida base, sei pronto per affrontare progetti più avanzati e continuare a sviluppare le tue competenze Python.

Capitolo Bonus: Esercizi Pratici

In questo capitolo bonus, metterai in pratica quanto appreso nei capitoli precedenti attraverso una serie di esercizi che coprono i concetti fondamentali di Python, tra cui l'uso delle variabili, i cicli, le funzioni, le strutture dati e la programmazione orientata agli oggetti. Questi esercizi sono pensati per darti l'opportunità di consolidare la tua conoscenza e applicare Python a situazioni reali.

Ogni esercizio sarà accompagnato da una descrizione del problema e, quando possibile, un esempio di input e output. Prova a risolvere ogni esercizio prima di guardare la soluzione.

Esercizio 1: Calcolatrice Semplice

Descrizione:

Scrivi un programma Python che agisca come una calcolatrice semplice. Il programma deve chiedere all'utente di inserire due numeri e un'operazione (somma, sottrazione, moltiplicazione o divisione). Il programma eseguirà quindi l'operazione e restituirà il risultato.

Specifiche:
Chiedi all'utente due numeri e l'operazione (usa i simboli: +, -, *, /).

Se l'utente inserisce un'operazione non valida, stampa un messaggio di errore.

Gestisci eventuali errori come divisione per zero.

Esempio di input/output:

Inserisci il primo numero: 10
Inserisci il secondo numero: 5
Inserisci l'operazione (+, -, *, /): +
Risultato: 15

Soluzione:

```python
def calcolatrice():
    try:
        numero1 = float(input("Inserisci il primo numero: "))
        numero2 = float(input("Inserisci il secondo numero: "))
        operazione = input("Inserisci l'operazione (+, -, *, /): ")

        if operazione == "+":
            risultato = numero1 + numero2
        elif operazione == "-":
            risultato = numero1 - numero2
        elif operazione == "*":
            risultato = numero1 * numero2
        elif operazione == "/":
            if numero2 != 0:
                risultato = numero1 / numero2
            else:
                print("Errore: Divisione per zero non consentita!")
                return
        else:
            print("Operazione non valida.")
            return

        print(f"Risultato: {risultato}")
    except ValueError:
```

```
        print("Errore: Devi inserire dei numeri validi.")

calcolatrice()
```

Esercizio 2: Verifica dei Numeri Primi

Descrizione:
Scrivi una funzione che verifichi se un numero è primo. Un numero primo è divisibile solo per 1 e per se stesso. Il programma chiederà all'utente di inserire un numero e restituirà se è primo o meno.

Specifiche:

La funzione deve accettare un numero intero.

Se il numero è primo, stampa "Il numero è primo", altrimenti stampa "Il numero non è primo".

Esempio di input/output:

Inserisci un numero: 7
Il numero è primo

Soluzione:

```
def verifica_primo(numero):
    if numero < 2:
        return False
    for I in range(2, int(numero ** 0.5) + 1):
        if numero % I == 0:
            return False
    return True

numero = int(input("Inserisci un numero: "))
if verifica_primo(numero):
```

```
    print("Il numero è primo")
else:
    print("Il numero non è primo")
```

Esercizio 3: Gestione di un Elenco di Studenti

Descrizione:

Crea un programma che permetta di gestire un elenco di studenti. Il programma deve offrire le seguenti funzionalità:

Aggiungere un nuovo studente.

Visualizzare l'elenco degli studenti.

Cercare uno studente per nome.

Rimuovere uno studente dall'elenco.

Specifiche:

Gli studenti sono memorizzati in una lista.

Ogni studente è rappresentato solo dal nome (stringa).

Esempio di input/output:

Aggiungi studente

Visualizza elenco studenti

Cerca studente

Rimuovi studente
Esci

Scegli un'opzione: 1
Inserisci il nome dello studente: Alice

Soluzione:

```python
def aggiungi_studente(lista_studenti):
    nome = input("Inserisci il nome dello studente: ")
    lista_studenti.append(nome)
    print(f"{nome} è stato aggiunto alla lista.")

def visualizza_studenti(lista_studenti):
    if not lista_studenti:
        print("La lista degli studenti è vuota.")
    else:
        print("Elenco degli studenti:")
        for studente in lista_studenti:
            print(f"- {studente}")

def cerca_studente(lista_studenti):
    nome = input("Inserisci il nome dello studente da cercare: ")
    if nome in lista_studenti:
        print(f"{nome} è presente nell'elenco.")
    else:
        print(f"{nome} non è presente nell'elenco.")

def rimuovi_studente(lista_studenti):
    nome = input("Inserisci il nome dello studente da rimuovere: ")
    if nome in lista_studenti:
        lista_studenti.remove(nome)
        print(f"{nome} è stato rimosso dall'elenco.")
    else:
        print(f"{nome} non è presente nell'elenco.")
```

```
def menu():
    lista_studenti = []
    while True:
        print("\n1. Aggiungi studente")
        print("2. Visualizza elenco studenti")
        print("3. Cerca studente")
        print("4. Rimuovi studente")
        print("5. Esci")

        scelta = input("Scegli un'opzione: ")
        if scelta == "1":
            aggiungi_studente(lista_studenti)
        elif scelta == "2":
            visualizza_studenti(lista_studenti)
        elif scelta == "3":
            cerca_studente(lista_studenti)
        elif scelta == "4":
            rimuovi_studente(lista_studenti)
        elif scelta == "5":
            print("Arrivederci!")
            break
        else:
            print("Scelta non valida.")

menu()
```

Esercizio 4: Sistema di Inventario

Descrizione:

Crea un programma che gestisca un inventario di prodotti. Ogni prodotto è rappresentato da un nome e una quantità. Il programma deve consentire di:

Aggiungere un prodotto.

Visualizzare l'inventario.

Aggiornare la quantità di un prodotto.

Rimuovere un prodotto dall'inventario.

Specifiche:

Utilizza un dizionario per memorizzare i prodotti, dove la chiave è il nome del prodotto e il valore è la quantità.

Esempio di input/output:

Aggiungi prodotto

Visualizza inventario

Aggiorna quantità

Rimuovi prodotto

Esci

Scegli un'opzione: 1
Inserisci il nome del prodotto: Penne
Inserisci la quantità: 100

Soluzione:

```python
def aggiungi_prodotto(inventario):
    nome = input("Inserisci il nome del prodotto: ")
    quantita = int(input("Inserisci la quantità: "))
    inventario[nome] = quantita
    print(f"{nome} è stato aggiunto con una quantità di {quantita}.")

def visualizza_inventario(inventario):
    if not inventario:
        print("L'inventario è vuoto.")
    else:
        print("Inventario:")
        for prodotto, quantita in inventario.items():
            print(f"{prodotto}: {quantita}")

def aggiorna_quantita(inventario):
    nome = input("Inserisci il nome del prodotto da aggiornare: ")
    if nome in inventario:
        nuova_quantita = int(input(f"Inserisci la nuova quantità per {nome}: "))
        inventario[nome] = nuova_quantita
        print(f"La quantità di {nome} è stata aggiornata a {nuova_quantita}.")
    else:
        print(f"{nome} non è presente nell'inventario.")

def rimuovi_prodotto(inventario):
    nome = input("Inserisci il nome del prodotto da rimuovere: ")
```

```python
    if nome in inventario:
        del inventario[nome]
        print(f"{nome} è stato rimosso dall'inventario.")
    else:
        print(f"{nome} non è presente nell'inventario.")

def menu_inventario():
    inventario = {}
    while True:
        print("\n1. Aggiungi prodotto")
        print("2. Visualizza inventario")
        print("3. Aggiorna quantità")
        print("4. Rimuovi prodotto")
        print("5. Esci")

        scelta = input("Scegli un'opzione: ")
        if scelta == "1":
            aggiungi_prodotto(inventario)
        elif scelta == "2":
            visualizza_inventario(inventario)
        elif scelta == "3":
            aggiorna_quantita(inventario)
        elif scelta == "4":
            rimuovi_prodotto(inventario)
        elif scelta == "5":
            print("Arrivederci!")
            break
        else:
            print("Scelta non valida.")

menu_inventario()
```

Esercizio 5: Gestione di una Libreria con La Programmazione Orientata agli Oggetti (OOP)

Descrizione:

Crea un sistema per gestire una libreria utilizzando la **programmazione orientata agli oggetti**. Ogni libro deve avere un titolo, un autore e una disponibilità. Il sistema deve permettere di:

Aggiungere un nuovo libro alla libreria.

Prestare un libro (impostare la disponibilità a False).

Restituire un libro (impostare la disponibilità a True).

Visualizzare l'elenco dei libri disponibili.

Esempio di input/output:

Aggiungi libro

Prestare libro

Restituire libro

Visualizza libri disponibili

Esci

Scegli un'opzione: 1
Inserisci il titolo del libro: "Il grande Gatsby"
Inserisci l'autore del libro: "F. Scott Fitzgerald"

Soluzione:

```python
class Libro:
    def __init__(self, titolo, autore):
        self.titolo = titolo
        self.autore = autore
        self.disponibile = True

    def presta(self):
        if self.disponibile:
            self.disponibile = False
            print(f"Il libro '{self.titolo}' è stato prestato.")
        else:
            print(f"Il libro '{self.titolo}' non è disponibile.")

    def restituisci(self):
        self.disponibile = True
        print(f"Il libro '{self.titolo}' è stato restituito.")

    def __str__(self):
        stato = "disponibile" if self.disponibile else "non disponibile"
        return f"{self.titolo} di {self.autore} ({stato})"

class Libreria:
    def __init__(self):
        self.libri = []

    def aggiungi_libro(self, libro):
        self.libri.append(libro)
        print(f"Il libro '{libro.titolo}' è stato aggiunto alla libreria.")

    def visualizza_libri_disponibili(self):
        print("Libri disponibili:")
        disponibili = [libro for libro in self.libri if libro.disponibile]
```

```python
        if disponibili:
            for libro in disponibili:
                print(libro)
        else:
            print("Nessun libro disponibile.")

    def presta_libro(self, titolo):
        for libro in self.libri:
            if libro.titolo == titolo:
                libro.presta()
                return
        print(f"Il libro '{titolo}' non è presente nella libreria.")

    def restituisci_libro(self, titolo):
        for libro in self.libri:
            if libro.titolo == titolo:
                libro.restituisci()
                return
        print(f"Il libro '{titolo}' non è presente nella libreria.")

def menu_libreria():
    libreria = Libreria()

    while True:
        print("\n1. Aggiungi libro")
        print("2. Prestare libro")
        print("3. Restituire libro")
        print("4. Visualizza libri disponibili")
        print("5. Esci")

        scelta = input("Scegli un'opzione: ")

        if scelta == "1":
            titolo = input("Inserisci il titolo del libro: ")
            autore = input("Inserisci l'autore del libro: ")
```

```python
            libro = Libro(titolo, autore)
            libreria.aggiungi_libro(libro)
        elif scelta == "2":
            titolo = input("Inserisci il titolo del libro da prestare: ")
            libreria.presta_libro(titolo)
        elif scelta == "3":
            titolo = input("Inserisci il titolo del libro da restituire: ")
            libreria.restituisci_libro(titolo)
        elif scelta == "4":
            libreria.visualizza_libri_disponibili()
        elif scelta == "5":
            print("Arrivederci!")
            break
        else:
            print("Scelta non valida.")

menu_libreria()
```

Riepilogo del Capitolo

In questo capitolo bonus, hai messo in pratica i concetti fondamentali di Python, inclusi:

La gestione degli input e output.
L'uso di variabili, cicli e strutture di controllo.
La manipolazione di liste, dizionari e l'applicazione della programmazione orientata agli oggetti.

Questi esercizi pratici ti hanno offerto una panoramica di come risolvere problemi reali utilizzando Python, rafforzando la tua comprensione dei concetti appresi nei capitoli precedenti.

Conclusione

Complimenti! Sei arrivato alla fine del libro **"Python per Principianti: La Guida Essenziale"**. Nel corso dei capitoli, hai imparato le basi della programmazione con Python, uno dei linguaggi più potenti e versatili oggi disponibili. Python è apprezzato non solo per la sua semplicità, ma anche per la sua capacità di adattarsi a una vasta gamma di applicazioni, dalla gestione di file alla creazione di complessi sistemi orientati agli oggetti, dall'analisi dei dati allo sviluppo web.

Cosa hai imparato

Riassumiamo brevemente le conoscenze che hai acquisito:

Fondamenti del linguaggio Python: Hai iniziato configurando il tuo ambiente di sviluppo, eseguendo il tuo primo programma e imparando i concetti fondamentali come variabili, tipi di dati, e operatori.

Strutture di controllo: Hai imparato a controllare il flusso del tuo programma usando condizioni (if, else, elif) e cicli (for, while), fondamentali per costruire logiche decisionali nei tuoi programmi.

Funzioni: Hai scoperto come definire funzioni per rendere il codice più modulare, riutilizzabile e organizzato, imparando a passare parametri e restituire valori.

Strutture dati: Hai esplorato le liste, le tuple e i dizionari, strumenti essenziali per gestire e manipolare gruppi di dati in Python.

Gestione degli errori: Con la gestione delle eccezioni, sei in grado di scrivere codice più robusto, capace di gestire errori imprevisti senza far crashare il programma.

File e I/O: Hai appreso come leggere e scrivere file, lavorando con dati strutturati come file di testo e CSV, oltre a formati più complessi come JSON.

Programmazione Orientata agli Oggetti (OOP): Hai compreso come organizzare il codice in modo strutturato utilizzando classi, oggetti, ereditarietà e incapsulamento, rendendo i tuoi progetti più flessibili e scalabili.

Applicazione pratica: Attraverso esercizi pratici, hai consolidato le tue competenze, creando calcolatrici, gestendo liste di studenti, libri e inventari, e applicando la programmazione orientata agli oggetti a situazioni reali.

Come proseguire il tuo percorso di apprendimento

Python è un linguaggio estremamente versatile, e ci sono numerosi percorsi che puoi intraprendere a seconda dei tuoi interessi. Ecco alcune aree di approfondimento che

potresti considerare:

Automazione e scripting: Python è eccellente per automatizzare compiti ripetitivi. Puoi iniziare a esplorare come creare script per automatizzare attività quotidiane, come l'organizzazione di file, il web scraping, o l'invio di email automatiche.

Analisi dei dati e machine learning: Python è il linguaggio principale per l'analisi dei dati e il machine learning, grazie a librerie come **Pandas**, **NumPy**, **Matplotlib** e **Scikit-learn**. Se sei interessato all'analisi dei dati o all'intelligenza artificiale, questo è un ottimo passo successivo.

Sviluppo web: Se desideri creare applicazioni web, puoi esplorare framework come **Django** o **Flask** per costruire siti web e API utilizzando Python.

Sviluppo di software complesso: Continuare a perfezionare le tue competenze di programmazione orientata agli oggetti ti permetterà di lavorare su software più complessi e di grande scala.

Contributo alla comunità: Python ha una vasta comunità di sviluppatori, e ci sono molti progetti open source a cui puoi contribuire. Partecipare a progetti open source è un ottimo modo per migliorare le tue capacità, lavorare su progetti reali e connetterti con altri programmatori.

Consigli finali

Sperimenta: Il modo migliore per imparare è mettere in pratica le tue conoscenze. Prova a costruire piccoli progetti personali, sperimentando ciò che hai imparato.

Non aver paura degli errori: Gli errori fanno parte del processo di apprendimento. Ogni errore che incontri è un'opportunità per comprendere meglio come funziona Python e migliorare le tue competenze di debugging.

Documentati: Esplora la documentazione ufficiale di Python (https://docs.python.org) e approfondisci le librerie che ti interessano. Python ha una comunità attiva e molte risorse disponibili gratuitamente online.

Continua a imparare: Python è un linguaggio che evolve costantemente. Mantieniti aggiornato sulle novità e sulle librerie più recenti. Ci sono sempre nuove sfide da affrontare e nuove competenze da acquisire.

Grazie e buon proseguimento!

Concludendo, Python è solo l'inizio del tuo viaggio nel mondo della programmazione. Il fatto che tu abbia completato questa guida dimostra che hai le basi per affrontare qualsiasi sfida futura. Continua a costruire, imparare e migliorare le tue competenze, e non dimenticare che la programmazione è un percorso continuo di scoperta e innovazione.

Buona fortuna per i tuoi progetti futuri e grazie per aver utilizzato questa guida come punto di partenza!

PYTHON AVANZATO: TECNICHE AVANZATE E STRUMENTI POTENTI PER SVILUPPATORI ESPERTI

"Python Avanzato: Tecniche avanzate e strumenti potenti per sviluppatori esperti" è una guida avanzata per sviluppatori Python che desiderano perfezionare le proprie competenze e approfondire l'uso del linguaggio in ambiti complessi e ottimizzati. Attraverso un approccio pratico e progressivo, esplora argomenti cruciali come l'ottimizzazione delle performance, la gestione avanzata degli errori, la programmazione concorrente e parallela, l'uso di decoratori e metaprogrammazione, e molto altro.

Ogni capitolo offre tecniche e strumenti specifici per rendere il codice Python più efficiente, scalabile e robusto, con esempi pratici e esercizi finali per consolidare quanto appreso. Pensato per sviluppatori con una solida conoscenza di base, questo libro punta a trasformare i lettori in veri esperti di Python, pronti ad affrontare progetti complessi e ad adottare le best practice del settore.

Leonardo Venturi

Introduzione

Python è uno dei linguaggi di programmazione più amati e utilizzati al mondo, noto per la sua semplicità, leggibilità e versatilità. Tuttavia, raggiungere un livello avanzato in Python significa molto più che essere in grado di scrivere script funzionali o automatizzare attività quotidiane.

Diventare un esperto di Python richiede una profonda comprensione delle sue funzionalità più sofisticate e la capacità di scrivere codice efficiente, scalabile e mantenibile. Questo libro è dedicato proprio a coloro che desiderano fare questo salto di qualità, entrando nel cuore di Python avanzato e scoprendo come sfruttare appieno le potenzialità del linguaggio.

Cosa Significa Essere Avanzati in Python?

A livello base, Python è estremamente accessibile. Il suo design pulito e il supporto di una vasta comunità rendono facile iniziare a scrivere programmi semplici e automatizzare compiti di routine. Tuttavia, per affrontare progetti più complessi, serve molto di più: la capacità di ottimizzare le prestazioni, gestire errori in modo elegante, lavorare con grandi quantità di dati e utilizzare le funzionalità avanzate del linguaggio per risolvere problemi complessi in modo efficiente.

Essere avanzati in Python significa saper scrivere codice che non solo funziona, ma che è ottimizzato in termini di velocità, memoria e mantenibilità. Si tratta di capire quando utilizzare approcci più sofisticati, come la programmazione asincrona o il parallelismo, e come sfruttare al meglio librerie esterne per ottenere performance elevate. Significa, inoltre, avere una visione critica del proprio codice, migliorando costantemente attraverso il profiling e l'ottimizzazione.

Python, pur essendo un linguaggio di alto livello, offre una vasta gamma di strumenti che permettono agli sviluppatori di affrontare problemi avanzati, dall'ottimizzazione delle performance con librerie come NumPy e Cython, alla gestione sofisticata delle eccezioni, fino all'uso di decoratori e metaprogrammazione. Questo libro ti guiderà attraverso questi strumenti, illustrandoti come applicarli nei tuoi progetti per ottenere il massimo dal linguaggio.

Panoramica degli Argomenti Trattati

Ogni capitolo di questo libro affronta un aspetto chiave del livello avanzato di Python. Ecco una breve panoramica di ciò che imparerai:

Ottimizzazione del codice: Esplorerai tecniche avanzate per migliorare le performance del tuo codice, utilizzando strumenti di profiling come timeit e cProfile. Scoprirai come ridurre il consumo di risorse, gestire la memoria in modo efficiente e migliorare la complessità temporale e spaziale del tuo codice.

Gestione avanzata degli errori: Python offre potenti strumenti per la gestione degli errori, ma imparare a utilizzarli in modo efficace richiede pratica e comprensione. Tratteremo le eccezioni personalizzate, il blocco try-except-else-finally e le tecniche di logging avanzato. Inoltre, imparerai come tracciare e automatizzare il reporting degli errori, rendendo il tuo codice più robusto e facile da mantenere.

Decoratori e metaprogrammazione: I decoratori sono una delle funzionalità più potenti e flessibili di Python. Imparerai come crearli, usarli e persino combinarli in modi avanzati.

Andremo oltre con la metaprogrammazione, esplorando come Python permette di modificare il comportamento delle classi e delle funzioni in fase di esecuzione, fornendo un controllo eccezionale sulla struttura del tuo programma.

Concorrenza e parallelismo: Nei progetti moderni, sfruttare la concorrenza e il parallelismo è cruciale per gestire task multipli e migliorare l'efficienza. Tratteremo l'uso del modulo threading per il multithreading e di multiprocessing per il parallelismo, oltre a tecniche asincrone con asyncio. Imparerai a sincronizzare task, gestire risorse condivise e ottenere il massimo dal tuo hardware.

Manipolazione avanzata dei dati: Python è utilizzato ampiamente per la manipolazione e l'analisi dei dati. Esploreremo tecniche avanzate per lavorare con strutture dati come liste, set, tuple e dizionari, insieme a metodi complessi di list, dict e set comprehension. Ti guideremo attraverso l'uso di librerie come pandas per la gestione di grandi dataset e ti mostreremo come serializzare i dati utilizzando pickle, JSON e altri formati.

Testing e debugging avanzato: La scrittura di test è essenziale per mantenere la qualità del software. Esploreremo le tecniche di unit testing con unittest e pytest, comprese le best practice per test parametrizzati e mocking. Inoltre, tratteremo il debugging avanzato con strumenti come pdb e i breakpoint, aiutandoti a individuare e risolvere problemi nel tuo codice in modo efficiente.

Interfacce API e web scraping: Python è uno strumento potente per interagire con API e raccogliere dati dal web. Vedremo come autenticarsi e connettersi a API RESTful, come gestire JSON e XML e come automatizzare il web scraping utilizzando librerie come BeautifulSoup e Selenium.

Strumenti di automazione e DevOps: Python è ampiamente utilizzato anche per automatizzare task e gestire

Infrastrutture DevOps. Scoprirai come automatizzare attività quotidiane utilizzando i moduli subprocess e os, e come utilizzare Docker per creare ambienti di sviluppo isolati. Approfondiremo inoltre l'uso di strumenti come fabric e invoke per la gestione di task complessi, e tecniche per l'integrazione continua con Jenkins o GitLab CI.

Chi è il Pubblico di Riferimento

Questo libro è pensato per sviluppatori che hanno già familiarità con le basi di Python e vogliono approfondire l'uso del linguaggio per progetti più complessi. Se conosci già concetti come strutture dati, OOP (programmazione orientata agli oggetti) e i costrutti fondamentali del linguaggio, ma vuoi portare le tue competenze a un livello successivo, sei nel posto giusto.

Il pubblico ideale comprende sviluppatori software che lavorano con Python su progetti di media o grande scala, ingegneri che cercano di ottimizzare codice esistente o professionisti che vogliono prepararsi a ruoli tecnici più avanzati. Questo libro è utile anche per chi è coinvolto in settori come l'analisi dei dati, l'automazione, il machine learning o il web scraping, dove Python è ampiamente utilizzato.

Obiettivi del Libro e Come Sfruttarlo al Meglio

L'obiettivo principale di questo libro è farti diventare un esperto di Python, capace di affrontare con sicurezza progetti complessi. Per ottenere il massimo dai contenuti, ti consigliamo di seguire un approccio pratico: sperimenta direttamente con gli esempi di codice, applica le tecniche nei tuoi progetti e non esitare a esplorare ulteriormente le librerie o i concetti che trovi particolarmente utili.

Ogni capitolo include esempi pratici e suggerimenti concreti su come applicare le tecniche discusse. Inoltre, nel capitolo bonus, troverai esercizi più articolati che ti aiuteranno a consolidare quanto appreso. La pratica è fondamentale per padroneggiare davvero Python avanzato, quindi ti incoraggiamo a implementare ciò che impari man mano che procedi nella lettura.

Accenno al Capitolo Bonus e Alla Pratica

Il capitolo bonus è progettato per metterti alla prova con esercizi pratici che combinano le competenze acquisite nei vari capitoli. Sarai guidato nella creazione di progetti concreti, come un sistema di monitoraggio delle performance o un'applicazione di web scraping completa. Questi esercizi ti aiuteranno a consolidare le nozioni avanzate e a integrare diverse tecniche in un unico progetto.

Ottimizzazione del Codice

L'ottimizzazione del codice è una delle competenze più importanti che uno sviluppatore Python avanzato deve padroneggiare. Scrivere codice che funziona è solo il primo passo; fare in modo che sia efficiente in termini di velocità, uso della memoria e scalabilità è ciò che distingue un buon programmatore da un esperto.

In questo capitolo, esploreremo varie tecniche e strumenti che ti aiuteranno a identificare e migliorare le performance del tuo codice.

1.1 Tecniche di Profiling del Codice

Il primo passo per ottimizzare il codice è capire dove sono i colli di bottiglia. Spesso, le parti che rallentano un programma non sono quelle che ci aspetteremmo. **Profilare il codice** significa misurarne le prestazioni, analizzando il tempo impiegato dalle singole funzioni o blocchi di codice per capire dove si può intervenire.

1.1.1 Strumenti di Profiling: cProfile e profile

Python offre diversi strumenti per il profiling del codice, tra cui i moduli **cProfile** e **profile**. Entrambi forniscono un resoconto dettagliato del tempo speso nelle diverse funzioni di un programma, ma cProfile è generalmente più veloce e consigliato per l'uso comune.

Ecco un esempio di come usare **cProfile**:

```
import cProfile

def slow_function():
    total = 0
    for i in range(1, 1000000):
        total += i
    return total

def fast_function():
    return sum(range(1, 1000000))

cProfile.run('slow_function()')
cProfile.run('fast_function()')
```

Nel risultato del profiling, vedrai un'analisi delle chiamate a funzione, con indicato il numero di chiamate, il tempo totale di esecuzione e il tempo medio per chiamata. Questo ti aiuterà a identificare quale funzione sta causando rallentamenti.

1.1.2 Analizzare i Risultati del Profiling

Una volta ottenuti i risultati del profiling, dovrai interpretare i dati. Cerca funzioni che impiegano una quantità sproporzionata di tempo rispetto alle altre. Nel nostro esempio, slow_function() sarà molto più lenta di fast_function(), e il motivo è evidente: la prima somma i numeri uno per uno in un ciclo for, mentre la seconda utilizza la funzione built-in sum(), che è implementata in C e quindi molto più efficiente.

Esempio di Output di cProfile

```
ncalls tottime percall cumtime percall filename:lineno(function)
1   0.091   0.091   0.091   0.091 example.py:5(slow_function)
1   0.001   0.001   0.001   0.001 example.py:10(fast_function)
```

In questo esempio, vediamo che slow_function() impiega circa 91 millisecondi, mentre fast_function() impiega solo 1 millisecondo. Questo tipo di informazione è cruciale per decidere dove concentrarsi per ottimizzare il codice.

1.2 Uso di Strumenti di Ottimizzazione: timeit

Se vuoi misurare il tempo di esecuzione di un piccolo pezzo di codice o confrontare diverse implementazioni, **timeit** è lo strumento ideale. Il modulo timeit esegue una funzione ripetutamente per misurarne con precisione il tempo medio di esecuzione, minimizzando l'effetto di fattori esterni come il carico del sistema.

Ecco un esempio di come usare **timeit**:

```
import timeit

code_to_test = """
total = 0
for i in range(1, 1000000):
    total += i
"""

print(timeit.timeit(code_to_test, number=100))
```

In questo caso, il blocco di codice viene eseguito 100 volte e il tempo medio impiegato viene riportato.

Questa tecnica è molto utile per confrontare le prestazioni di diverse soluzioni per lo stesso problema.

Confronto di Implementazioni

Supponiamo di voler confrontare due metodi per sommare una serie di numeri: uno che usa un ciclo for e uno che usa sum(). Possiamo farlo facilmente con timeit:

```
import timeit

loop_test = """
total = 0
for i in range(1, 1000000):
    total += i
"""

sum_test = """
total = sum(range(1, 1000000))
"""

print("Loop:", timeit.timeit(loop_test, number=100))
print("Sum:", timeit.timeit(sum_test, number=100))
```

Il risultato ci mostrerà chiaramente che usare sum() è significativamente più veloce rispetto a un ciclo for.

1.3 Gestione della Memoria e Riduzione del Consumo di Risorse

Oltre al tempo di esecuzione, l'uso della memoria è un altro fattore cruciale per l'ottimizzazione del codice.

Python gestisce automaticamente la memoria attraverso un sistema di garbage collection, ma ci sono tecniche che possiamo utilizzare per ridurre il consumo di memoria e migliorare le prestazioni.

1.3.1 Utilizzare i Generatori

Uno dei modi più efficaci per ridurre l'uso di memoria è utilizzare i **generatori** anziché le liste. Un generatore crea un oggetto che produce gli elementi su richiesta, senza memorizzarli tutti in una volta. Questo è particolarmente utile quando si lavora con grandi dataset.

Ecco un esempio:

```
# Lista: consuma molta memoria perché memorizza tutti i valori
large_list = [i for i in range(1000000)]

# Generatore: consuma meno memoria perché genera i valori
uno alla volta
large_generator = (i for i in range(1000000))

print(sum(large_list))     # Usa molta memoria
print(sum(large_generator)) # Usa meno memoria
```

Nel caso di large_list, Python creerà un elenco con un milione di elementi, mentre con large_generator verranno generati uno alla volta, riducendo il carico sulla memoria.

1.3.2 Usare Strutture Dati Più Efficienti

In Python, le strutture dati possono avere un impatto significativo sulle prestazioni. Per esempio, usare un array di **NumPy** può essere molto più efficiente in termini di memoria e velocità rispetto a una lista Python normale.

Ecco un esempio di confronto tra una lista Python e un array di NumPy:

```
import numpy as np
import timeit

# Lista Python
python_list = [i for i in range(1000000)]
# Array di NumPy
numpy_array = np.arange(1000000)

# Funzione che moltiplica ogni elemento per 2
def multiply_list(lst):
    return [x * 2 for x in lst]

def multiply_numpy(arr):
    return arr * 2

# Test di velocità
print("Python        List:",        timeit.timeit(lambda:
multiply_list(python_list), number=100))
print("NumPy        Array:",        timeit.timeit(lambda:
multiply_numpy(numpy_array), number=100))
```

In questo caso, vedrai che l'array di NumPy è molto più veloce e utilizza meno memoria rispetto alla lista Python.

1.4 Miglioramento della Complessità Temporale e Spaziale

Un altro aspetto cruciale dell'ottimizzazione è la **complessità algoritmica**, che si riferisce a come le risorse utilizzate dal programma (tempo e memoria) crescono con l'aumentare della dimensione dell'input.

1.4.1 Complessità Temporale

La **complessità temporale** misura il tempo necessario per eseguire un algoritmo in funzione della dimensione del suo input. Ad esempio, un algoritmo con complessità $O(n)$ raddoppierà il tempo di esecuzione se la dimensione dell'input raddoppia, mentre uno con complessità $O(n^2)$ quadruplicherà il tempo.

Ecco un esempio di come una modifica nell'algoritmo può ridurre la complessità temporale:

```python
# Complessità O(n^2): algoritmo lento
def slow_search(lst, target):
    for i in range(len(lst)):
        for j in range(i + 1, len(lst)):
            if lst[i] + lst[j] == target:
                return i, j
    return None

# Complessità O(n): algoritmo ottimizzato
def fast_search(lst, target):
    seen = set()
    for num in lst:
        diff = target - num
        if diff in seen:
            return num, diff
        seen.add(num)
    return None
```

Nel primo esempio, l'algoritmo ha complessità O(n²), poiché confronta ogni coppia di numeri nella lista. Nel secondo esempio, l'algoritmo è ottimizzato a O(n) utilizzando un set per memorizzare i numeri già visti, riducendo drasticamente il numero di confronti necessari.

1.4.2 Complessità Spaziale

La **complessità spaziale** misura la quantità di memoria utilizzata da un algoritmo. Ridurre la complessità spaziale significa utilizzare strutture dati più efficienti o liberare risorse non necessarie.

Ecco un esempio:

```
# Algoritmo con complessità spaziale alta
def store_all(lst):
    return [i * 2 for i in lst]

# Algoritmo con complessità spaziale ridotta (usa un generatore)
def store_less(lst):
    for i in lst:
        yield i * 2
```

Nel primo caso, l'algoritmo crea una nuova lista che richiede lo stesso spazio di memoria della lista originale. Nel secondo caso, il generatore restituisce i risultati uno alla volta, riducendo l'uso di memoria.

1.5 Ottimizzazione con Librerie Avanzate: NumPy e Cython

Per ottimizzare il codice in Python, puoi sfruttare librerie esterne che sono state progettate per offrire performance superiori rispetto al codice Python nativo. Due delle librerie più potenti in questo senso sono **NumPy** e **Cython**.

1.5.1 NumPy

Come già accennato, **NumPy** offre array multidimensionali ottimizzati e una vasta gamma di operazioni matematiche veloci, scritte in C. Questo lo rende ideale per lavorare con grandi dataset e per eseguire calcoli numerici intensivi.

1.5.2 Cython

Cython è uno strumento che permette di scrivere codice Python che viene poi compilato in C, migliorando drasticamente le performance.
Ecco un semplice esempio:

```
# Codice Python
def add_numbers(a, b):
    return a + b
```

Questo codice può essere trasformato in codice C con Cython, rendendo l'operazione più veloce, soprattutto in loop ripetitivi o calcoli pesanti. Utilizzando la parola chiave cdef di Cython, puoi dichiarare tipi di variabili specifici, migliorando ulteriormente le performance.

In questo capitolo abbiamo esplorato vari strumenti e tecniche per migliorare le prestazioni del codice Python. Il profiling ti aiuta a identificare i colli di bottiglia, strumenti come timeit ti permettono di misurare con precisione il tempo di esecuzione e le librerie come NumPy e Cython offrono strumenti potenti per ottimizzare codice pesante. La gestione efficiente della memoria e la riduzione della complessità temporale e spaziale sono elementi chiave per scrivere codice Python avanzato e performante.

Gestione Avanzata degli Errori

La gestione degli errori è una parte essenziale di ogni applicazione ben progettata. Python offre un potente sistema di gestione delle eccezioni che consente di catturare e gestire errori in modo controllato, evitando crash e garantendo che il software si comporti correttamente anche in presenza di condizioni impreviste.

In questo capitolo, approfondiremo la gestione avanzata delle eccezioni, la creazione di eccezioni personalizzate e tecniche per il logging e il tracciamento degli errori.

2.1 Introduzione alla Gestione delle Eccezioni in Python

Python gestisce gli errori attraverso le **eccezioni**. Quando si verifica un errore, Python interrompe l'esecuzione del programma e lancia un'eccezione. Se l'eccezione non viene gestita, il programma si arresta con un messaggio di errore.
Il costrutto principale per gestire le eccezioni in Python è il blocco try-except.

Ecco un semplice esempio:

```
try:
    x = 1 / 0
except ZeroDivisionError:
    print("Non puoi dividere per zero!")
```

In questo esempio, il codice all'interno del blocco try tenta di eseguire una divisione per zero, che in Python genera un'eccezione ZeroDivisionError.

Quando ciò accade, il flusso del programma viene deviato al blocco except, dove l'errore viene gestito.

2.2 Eccezioni Personalizzate

In Python, è possibile definire le proprie eccezioni personalizzate, estendendo la classe base Exception. Questo può essere utile quando vuoi rappresentare errori specifici per il tuo programma o la tua applicazione.

2.2.1 Creare una Eccezione Personalizzata

Definire un'eccezione personalizzata è semplice. Basta creare una nuova classe che eredita da Exception o da una delle sue sottoclassi:

```python
class InvalidInputError(Exception):
    """Eccezione sollevata quando l'input non è valido."""
    def __init__(self, message):
        self.message = message
        super().__init__(self.message)

# Esempio di utilizzo
def validate_age(age):
    if age < 0:
        raise InvalidInputError("L'età non può essere negativa!")

try:
    validate_age(-5)
except InvalidInputError as e:
    print(f"Errore: {e}")
```

In questo esempio, l'eccezione personalizzata InvalidInputError viene lanciata se l'età fornita alla funzione validate_age() è negativa.

Questo permette di gestire gli errori in modo più significativo rispetto all'uso di eccezioni generiche come ValueError.

2.2.2 Eccezioni con Attributi

Puoi arricchire le eccezioni personalizzate con attributi che forniscono più informazioni sull'errore, rendendo la gestione più dettagliata:

```python
class InvalidInputError(Exception):
    def __init__(self, input_value, message="Input non valido"):
        self.input_value = input_value
        self.message = f"{message}: {input_value}"
        super().__init__(self.message)

try:
    raise InvalidInputError(-5, "L'età non può essere negativa")
except InvalidInputError as e:
    print(f"Errore:    {e.message},    Valore    non    valido:
{e.input_value}")
```

Qui, l'eccezione personalizzata include l'attributo input_value, che memorizza l'input problematico, e un messaggio che può essere dinamico a seconda della situazione.

2.3 Uso Avanzato di try-except-else-finally

Il blocco try-except può essere arricchito con ulteriori componenti per gestire meglio diverse situazioni.

Python supporta l'uso di else e finally per offrire maggiore controllo sul flusso del programma durante la gestione degli errori.

2.3.1 Il Blocco else

Il blocco else viene eseguito solo se nessuna eccezione viene sollevata nel blocco try. Questo può essere utile per separare il codice che deve essere eseguito solo quando tutto è andato a buon fine:

```
try:
    x = 10 / 2
except ZeroDivisionError:
    print("Errore: divisione per zero!")
else:
    print(f"Tutto è andato a buon fine. Il risultato è: {x}")
```

In questo esempio, poiché non viene sollevata alcuna eccezione, il codice all'interno del blocco else viene eseguito.

2.3.2 Il Blocco finally

Il blocco finally viene eseguito sempre, indipendentemente dal fatto che si verifichi o meno un'eccezione. È spesso utilizzato per la pulizia delle risorse, come la chiusura di file o la chiusura di connessioni di rete.

```
try:
    file = open('file.txt', 'r')
    content = file.read()
except FileNotFoundError:
    print("File non trovato.")
```

```
finally:
    file.close()  # Chiude il file anche se si verifica un errore
```

Questo codice garantisce che il file venga sempre chiuso, indipendentemente dal successo o dal fallimento del tentativo di lettura.

2.4 Logging Avanzato con il Modulo logging

La gestione delle eccezioni è strettamente legata al **logging**. Il logging consente di registrare messaggi informativi, di errore o di debug mentre l'applicazione è in esecuzione, rendendo più facile diagnosticare problemi senza interrompere l'esecuzione del programma.

2.4.1 Configurazione Base di logging

Python fornisce il modulo **logging**, che permette di configurare facilmente il logging e di registrare messaggi in vari formati e livelli di gravità.

Ecco un esempio di configurazione base:

```
import logging

logging.basicConfig(level=logging.DEBUG, format='%(asctime)s
- %(levelname)s - %(message)s')

def divide(a, b):
    try:
        result = a / b
    except ZeroDivisionError:
        logging.error("Tentativo di divisione per zero.")
        return None
    else:
```

```
    logging.info(f"Divisione riuscita: {a} / {b} = {result}")
    return result

divide(10, 2)  # Logga un messaggio di info
divide(10, 0)  # Logga un messaggio di errore
```

In questo esempio, logging.basicConfig() imposta il livello di logging e il formato del messaggio. Utilizzando diversi livelli di gravità (DEBUG, INFO, WARNING, ERROR, CRITICAL), è possibile controllare la verbosità dei messaggi di log.

2.4.2 Log su File

Spesso, è utile salvare i messaggi di log su un file per poterli consultare successivamente.

Ecco come farlo:

```
logging.basicConfig(filename='app.log',       level=logging.INFO,
format='%(asctime)s - %(levelname)s - %(message)s')

logging.info("Inizio del programma.")
try:
    x = 10 / 0
except ZeroDivisionError:
    logging.error("Errore: divisione per zero.")
```

In questo esempio, i messaggi di log verranno scritti su un file chiamato app.log, e non sulla console. Puoi anche aggiungere più gestori (handlers) per inviare i messaggi di log a destinazioni multiple (ad esempio, sia su file che sulla console).

2.4.3 Livelli di Logging

I livelli di logging consentono di classificare i messaggi a seconda della loro importanza:

DEBUG: Informazioni dettagliate, tipicamente utilizzate per il debugging.

INFO: Conferma che le cose stanno funzionando come previsto.

WARNING: Un'indicazione che qualcosa di inatteso è accaduto, ma l'applicazione continua a funzionare.

ERROR: Un problema più serio, che impedisce l'esecuzione di una funzione.

CRITICAL: Un errore molto grave che potrebbe causare la chiusura del programma.

Ecco un esempio che utilizza vari livelli:

```
logging.debug("Questo è un messaggio di debug.")
logging.info("Questo è un messaggio informativo.")
logging.warning("Questo è un messaggio di avviso.")
logging.error("Questo è un messaggio di errore.")
logging.critical("Questo è un messaggio critico.")
```

2.5 Tracciamento degli Errori con traceback

Per diagnosticare errori complessi, può essere utile analizzare lo **stack trace** di un'eccezione. Python fornisce il modulo **traceback**, che consente di ottenere dettagliate informazioni sugli errori avvenuti.

2.5.1 Utilizzo di traceback

Quando un'eccezione viene catturata, possiamo usare traceback.format_exc() per ottenere lo stack trace completo come stringa.

Ecco un esempio:

```python
import traceback

def divide(a, b):
    try:
        return a / b
    except ZeroDivisionError:
        print("Errore: divisione per zero")
        print(traceback.format_exc())

divide(10, 0)
```

In questo esempio, oltre a gestire l'errore con un messaggio, stampiamo l'intero stack trace utilizzando traceback.format_exc(), che può essere molto utile per il debugging in situazioni complesse.

2.6 Creazione di Report di Errori Automatizzati

In un'applicazione di grandi dimensioni, è spesso utile automatizzare la segnalazione degli errori, ad esempio inviando un'email quando si verifica un errore critico. Utilizzando il logging e il modulo traceback, possiamo implementare un sistema di notifiche automatiche per gli errori.

Ecco un esempio di come inviare una notifica via email quando si verifica un errore:

```python
import smtplib
from email.mime.text import MIMEText
import traceback

def send_error_report(error_message):
    msg = MIMEText(error_message)
    msg['Subject'] = 'Errore Critico Rilevato'
    msg['From'] = 'tuo_email@example.com'
    msg['To'] = 'admin@example.com'

    # Invia l'email
    s = smtplib.SMTP('localhost')
    s.send_message(msg)
    s.quit()
def divide(a, b):
    try:
        return a / b
    except ZeroDivisionError:
        error_message = traceback.format_exc()
        send_error_report(error_message)

divide(10, 0)
```

Questo esempio utilizza il modulo smtplib per inviare un'email con il report di errore. In un contesto reale, si potrebbe configurare il server SMTP e migliorare la formattazione del messaggio, ma il concetto chiave è automatizzare la segnalazione degli errori critici.

2.7 Best Practice per la Gestione degli Errori

Ecco alcune **best practice** per gestire correttamente gli errori nelle applicazioni Python:

Non nascondere gli errori: Usa sempre specifici blocchi except per catturare solo gli errori che ti aspetti. Evita di usare except senza specificare un'eccezione, poiché questo potrebbe nascondere errori imprevisti.

Fornisci messaggi utili: I messaggi di errore dovrebbero essere chiari e informativi, aiutando il lettore a capire immediatamente la causa del problema.

Logga gli errori: Utilizza sempre il logging per tracciare gli errori, in particolare quelli critici. Questo ti aiuterà a identificare i problemi in ambienti di produzione.

Utilizza finalmente per la pulizia: Assicurati di rilasciare le risorse (come file o connessioni) nel blocco finally per evitare perdite di risorse.

Con queste tecniche avanzate di gestione degli errori, sei in grado di creare applicazioni Python robuste e affidabili. La capacità di gestire e loggare correttamente gli errori è una delle competenze fondamentali per sviluppatori avanzati e garantisce che i tuoi programmi possano gestire anche le condizioni più imprevedibili con eleganza e precisione.

Decoratori e Metaprogrammazione

Uno degli aspetti più affascinanti e potenti di Python è la sua flessibilità nella modifica del comportamento di funzioni e classi in fase di esecuzione. I **decoratori** e la **metaprogrammazione** sono strumenti avanzati che consentono di estendere o alterare le funzionalità del codice senza modificarlo direttamente.

Questo capitolo esplorerà in profondità i decoratori, come usarli in scenari avanzati e introdurrà le tecniche di metaprogrammazione, incluse introspezione e modifiche dinamiche al comportamento delle classi.

3.1 Introduzione ai Decoratori

Un **decoratore** in Python è una funzione che prende un'altra funzione (o metodo) come input e ne estende o modifica il comportamento, restituendo una nuova funzione. Questo permette di applicare funzionalità comuni (come logging, timing, validazione di input) a più funzioni senza duplicare codice.
La sintassi dei decoratori in Python utilizza l'operatore @, seguito dal nome del decoratore:

```
def decoratore(funzione):
    def wrapper(*args, **kwargs):
        print("Esecuzione del decoratore...")
        risultato = funzione(*args, **kwargs)
        print("Decoratore terminato.")
        return risultato
    return wrapper
```

```
@decoratore
def esempio():
  print("Funzione principale.")

esempio()
```

Output:

```
Esecuzione del decoratore...
Funzione principale.
Decoratore terminato.
```

In questo esempio, il decoratore decoratore modifica il comportamento della funzione esempio(), stampando messaggi prima e dopo l'esecuzione.

3.2 Decoratori con Parametri

A volte è necessario passare parametri al decoratore per modificare dinamicamente il suo comportamento. Per farlo, si crea una funzione che restituisce un decoratore:

```
def decoratore_con_parametri(prefix):
  def decoratore(funzione):
    def wrapper(*args, **kwargs):
      print(f"{prefix} - Inizio")
      risultato = funzione(*args, **kwargs)
      print(f"{prefix} - Fine")
      return risultato
    return wrapper
  return decoratore

@decoratore_con_parametri("DEBUG")
```

```
def esempio():
    print("Funzione principale.")
esempio()
```

Output:

```
DEBUG - Inizio
Funzione principale.
DEBUG – Fine
```

In questo esempio, decoratore_con_parametri() crea un decoratore che può personalizzare il prefisso dei messaggi stampati.

3.3 Decoratori Multipli

In Python, è possibile applicare più decoratori a una singola funzione. I decoratori vengono eseguiti in ordine inverso rispetto a come sono definiti: il decoratore più interno è applicato per primo.

```
def decoratore1(funzione):
    def wrapper(*args, **kwargs):
        print("Decoratore 1 - Inizio")
        risultato = funzione(*args, **kwargs)
        print("Decoratore 1 - Fine")
        return risultato
    return wrapper

def decoratore2(funzione):
    def wrapper(*args, **kwargs):
```

```
    print("Decoratore 2 - Inizio")
    risultato = funzione(*args, **kwargs)
    print("Decoratore 2 - Fine")
    return risultato
  return wrapper

@decoratore1
@decoratore2
def esempio():
  print("Funzione principale.")

esempio()
```

Output:

```
Decoratore 1 - Inizio
Decoratore 2 - Inizio
Funzione principale.
Decoratore 2 - Fine
Decoratore 1 – Fine
```

Come si può vedere, decoratore2 è applicato prima di decoratore1 perché è più vicino alla funzione decorata. L'ordine dei decoratori può influire sul comportamento finale.

3.4 Funzioni di Ordine Superiore e Chiusure

I decoratori sono esempi di **funzioni di ordine superiore**, cioè funzioni che accettano altre funzioni come argomenti o restituiscono funzioni.

Un altro concetto correlato è la **chiusura (closure)**, che si verifica quando una funzione definita all'interno di un'altra "ricorda" le variabili locali dell'ambiente in cui è stata definita, anche dopo che quell'ambiente è stato chiuso.

Ecco un esempio di chiusura:

```
def moltiplicatore(fattore):
    def moltiplica(numero):
        return numero * fattore
    return moltiplica

doppio = moltiplicatore(2)
triplo = moltiplicatore(3)

print(doppio(5))  # Output: 10
print(triplo(5))  # Output: 15
```

La funzione moltiplica() ricorda il valore di fattore grazie alla chiusura. Anche dopo che moltiplicatore ha terminato la sua esecuzione, moltiplica() può ancora accedere a fattore.

3.5 Decoratori Applicati alle Classi

I decoratori non si limitano alle funzioni; possono essere applicati anche alle classi per modificare il comportamento di metodi o aggiungere funzionalità aggiuntive. Vediamo un esempio in cui un decoratore di classe aggiunge un comportamento di logging per ogni metodo chiamato.

```
def log_method_calls(cls):
    class Wrapper:
        def __init__(self, *args, **kwargs):
```

```
            self.instance = cls(*args, **kwargs)

        def __getattr__(self, nome):
            metodo = getattr(self.instance, nome)
            if callable(metodo):
                def wrapper(*args, **kwargs):
                    print(f"Chiamata al metodo {nome}")
                    return metodo(*args, **kwargs)
                return wrapper
            return metodo
    return Wrapper

@log_method_calls
class Esempio:
def metodo1(self):
    print("Metodo 1 eseguito.")

def metodo2(self):
    print("Metodo 2 eseguito.")

esempio = Esempio()
esempio.metodo1()
esempio.metodo2()
```

Output:

```
Chiamata al metodo metodo1
Metodo 1 eseguito.
Chiamata al metodo metodo2
Metodo 2 eseguito.
```

Il decoratore log_method_calls avvolge ogni metodo della classe e aggiunge una funzionalità di logging quando i metodi vengono chiamati.

3.6 Introduzione alla Metaprogrammazione

La **metaprogrammazione** è la tecnica di scrivere codice che manipola o modifica altre parti del codice in fase di esecuzione.In Python, è possibile fare metaprogrammazione utilizzando caratteristiche come la riflessione, l'introspezione e la modifica dinamica delle classi.

3.6.1 Introspezione: getattr, setattr, e hasattr

L'introspezione consente al programma di esaminare gli attributi e i metodi di oggetti e classi in fase di esecuzione. Python offre diversi strumenti per fare introspezione, tra cui **getattr**, **setattr** e **hasattr**.

Ecco un esempio di utilizzo di questi strumenti:

```python
class Esempio:
    def __init__(self, nome):
        self.nome = nome

    def saluta(self):
        print(f"Ciao, {self.nome}!")

esempio = Esempio("Guido")

# Verifica se l'oggetto ha un attributo
if hasattr(esempio, 'nome'):
    print(f"Nome: {getattr(esempio, 'nome')}")

# Modifica l'attributo dinamicamente
```

```
setattr(esempio, 'nome', 'Python')
esempio.saluta()
```

Output:

```
Nome: Guido
Ciao, Python!
```

In questo esempio, utilizziamo hasattr per verificare se un attributo esiste, getattr per ottenere il valore dell'attributo, e setattr per modificarlo dinamicamente.

3.6.2 Modifica Dinamica di Classi

Con la metaprogrammazione, puoi modificare le classi esistenti in fase di esecuzione, aggiungendo o sostituendo metodi e attributi. Questo è utile, ad esempio, per creare classi flessibili che si adattano a diverse situazioni.

Ecco un esempio di aggiunta dinamica di un metodo a una classe:

```
class Esempio:
    pass

def nuovo_metodo(self):
    print("Nuovo metodo aggiunto dinamicamente.")

# Aggiungi il metodo alla classe
setattr(Esempio, 'metodo_dinamico', nuovo_metodo)

esempio = Esempio()
esempio.metodo_dinamico()
```

Output:

> Nuovo metodo aggiunto dinamicamente.

In questo esempio, il metodo nuovo_metodo viene aggiunto alla classe Esempio in fase di esecuzione utilizzando setattr.

3.7 Classi Dinamiche con type

In Python, puoi creare classi dinamicamente usando la funzione **type()**. Normalmente, type() viene utilizzata per ottenere il tipo di un oggetto, ma può anche essere usata per creare nuove classi a runtime.

Ecco un esempio:

```
# Creazione di una classe dinamicamente con type()
NuovaClasse = type('NuovaClasse', (object,), {'attributo': 42,
'metodo': lambda self: print("Metodo chiamato")})

istanza = NuovaClasse()
print(istanza.attributo)  # Output: 42
istanza.metodo()        # Output: Metodo chiamato
```

In questo esempio, type() crea una nuova classe chiamata NuovaClasse, che ha un attributo attributo e un metodo metodo. Questo tipo di tecnica è utile quando hai bisogno di generare classi personalizzate in base a dati disponibili solo in fase di esecuzione.

3.8 Decoratori Class-based

I decoratori sono tipicamente implementati come funzioni, ma possono anche essere implementati come **classi**. Un decoratore basato su una classe consente di mantenere lo stato tra le chiamate, una funzionalità utile in molti scenari complessi.

Ecco un esempio di decoratore implementato con una classe:

```
class DecoratoreClasse:
    def __init__(self, funzione):
        self.funzione = funzione
        self.contatore = 0

    def __call__(self, *args, **kwargs):
        self.contatore += 1
        print(f"Chiamata                {self.contatore}              a
{self.funzione.__name__}")
        return self.funzione(*args, **kwargs)
@DecoratoreClasse
def esempio():
    print("Funzione eseguita.")

esempio()
esempio()
```

Output:

Chiamata 1 a esempio
Funzione eseguita.
Chiamata 2 a esempio
Funzione eseguita.

In questo esempio, il decoratore DecoratoreClasse tiene traccia di quante volte la funzione decorata è stata chiamata.

3.9 Introduzione alle Metaclassi

Le **metaclassi** sono uno strumento avanzato di metaprogrammazione che consente di controllare la creazione e il comportamento delle classi stesse. Le metaclassi possono essere viste come "classi di classi", e consentono di intervenire durante la definizione di una classe.

Ecco un semplice esempio di metaclasse:

```python
class Meta(type):
    def __new__(cls, nome, basi, dct):
        print(f"Creazione della classe: {nome}")
        return super().__new__(cls, nome, basi, dct)

class Esempio(metaclass=Meta):
    pass

istanza = Esempio()
```

Output:

```
Creazione della classe: Esempio
```

In questo esempio, la metaclasse Meta stampa un messaggio ogni volta che una nuova classe viene creata utilizzando quella metaclasse. Le metaclassi sono utili in contesti complessi in cui è necessario personalizzare la creazione delle classi, come nei framework ORM (Object-Relational Mapping) o nei sistemi di validazione.

Con questo capitolo hai esplorato i concetti avanzati di decoratori e metaprogrammazione. Hai imparato come estendere e modificare le funzioni e le classi in modo dinamico utilizzando decoratori, introspezione e metaclassi. Questi strumenti ti permettono di scrivere codice più flessibile e riutilizzabile, riducendo la duplicazione e migliorando la manutenibilità del software.

Concorrenza e Parallelismo

La capacità di eseguire più operazioni contemporaneamente è cruciale nelle applicazioni moderne, specialmente quando si ha a che fare con compiti pesanti in termini di CPU o operazioni di I/O che possono richiedere molto tempo. Python offre diversi strumenti e moduli per affrontare la **concorrenza** e il **parallelismo**, due concetti correlati ma distinti che consentono di migliorare le prestazioni di un programma.

In questo capitolo, esploreremo i vari approcci per gestire la concorrenza e il parallelismo in Python, inclusi il multithreading, il multiprocessing e la programmazione asincrona con asyncio.

4.1 Differenza tra Concorrenza e Parallelismo

Prima di entrare nei dettagli tecnici, è importante comprendere la distinzione tra **concorrenza** e **parallelismo**:

Concorrenza: Si riferisce alla capacità di gestire più attività nello stesso periodo di tempo. Queste attività possono non essere eseguite simultaneamente (parallelamente), ma vengono gestite in modo tale da sembrare che lo siano. La concorrenza si realizza spesso attraverso il **multithreading**.

Parallelismo: Si riferisce all'esecuzione simultanea di più attività in parallelo su diversi core del processore. In questo caso, le attività vengono effettivamente eseguite nello stesso momento. Il parallelismo si realizza solitamente attraverso il **multiprocessing**.

Per comprendere meglio, immagina di dover preparare un pasto complesso. La concorrenza è come alternare rapidamente tra la preparazione di diversi piatti, mentre il parallelismo è avere più persone (o più cucine) che preparano i piatti contemporaneamente.

4.2 Utilizzo del Modulo threading per il Multithreading

Il multithreading permette di eseguire più thread all'interno dello stesso processo. Ogni thread rappresenta un flusso separato di esecuzione, che può essere utilizzato per gestire attività che altrimenti bloccherebbero il programma principale, come operazioni di I/O lente (ad esempio, leggere file o fare richieste di rete).

4.2.1 Creare e Gestire Thread

Il modulo **threading** di Python fornisce un'API semplice per creare e gestire thread. Ecco un esempio di come creare e avviare un thread:

```
import threading
import time

def esegui_task():
    print("Inizio task...")
    time.sleep(2)
    print("Task completato.")

# Creazione di un nuovo thread
thread = threading.Thread(target=esegui_task)
thread.start()
# Attendere il completamento del thread
```

```
thread.join()
print("Thread principale terminato.")
```

Output:

```
Inizio task...
Task completato.
Thread principale terminato.
```

In questo esempio, la funzione esegui_task() viene eseguita in un thread separato, permettendo al thread principale di continuare la sua esecuzione senza bloccarsi. Il metodo join() assicura che il programma principale attenda la fine del thread prima di terminare.

4.2.2 Problemi di Concorrenza e Sincronizzazione

Sebbene il multithreading consenta di eseguire più operazioni contemporaneamente, l'accesso simultaneo a risorse condivise può portare a problemi come le **race conditions**, dove il risultato di un'operazione dipende dall'ordine in cui i thread accedono alle risorse.

Per evitare questi problemi, Python offre meccanismi di sincronizzazione come i **lock**. Ecco un esempio:

```
import threading

saldo = 1000
lock = threading.Lock()

def preleva(importo):
    global saldo
    with lock:  # Acquisisce il lock
```

```
    nuovo_saldo = saldo - importo
    saldo = nuovo_saldo
    print(f"Prelevato: {importo}, Saldo residuo: {saldo}")

# Creiamo due thread che tentano di prelevare
simultaneamente
thread1 = threading.Thread(target=preleva, args=(500,))
thread2 = threading.Thread(target=preleva, args=(700,))

thread1.start()
thread2.start()

thread1.join()
thread2.join()
```

Output:

```
Prelevato: 500, Saldo residuo: 500
Prelevato: 700, Saldo residuo: -200
```

In questo esempio, il **lock** (with lock:) assicura che solo un thread alla volta possa modificare il saldo, prevenendo race conditions.

4.2.3 Thread Pool per Task Multipli

Se hai molti task da eseguire, puoi usare un **ThreadPool** per gestire un insieme di thread in modo efficiente. Python fornisce un ThreadPoolExecutor attraverso il modulo concurrent.futures:

```
from concurrent.futures import ThreadPoolExecutor
import time

def esegui_task(num):
```

```
    print(f"Task {num} in esecuzione...")
    time.sleep(2)
    return f"Task {num} completato."
# Utilizzo di un thread pool
with ThreadPoolExecutor(max_workers=3) as executor:
    futures = [executor.submit(esegui_task, i) for i in range(5)]

    for future in futures:
        print(future.result())
```

In questo esempio, il **ThreadPoolExecutor** crea un pool di 3 thread, che eseguono simultaneamente i task. Quando un task termina, il thread si libera per eseguire il successivo.

4.3 Introduzione a multiprocessing per il Parallelismo

Il modulo **multiprocessing** di Python consente di creare processi separati per eseguire codice in parallelo su diversi core della CPU, migliorando le prestazioni in caso di task CPU-bound, dove il multithreading non sarebbe efficace a causa del **Global Interpreter Lock (GIL)**.

4.3.1 Creare Processi

Ecco un esempio di come creare e avviare processi con il modulo multiprocessing:

```
import multiprocessing
import time

def esegui_task():
```

```
    print(f"Inizio          task          nel          processo
{multiprocessing.current_process().name}")
    time.sleep(2)
    print(f"Task          completato          nel          processo
{multiprocessing.current_process().name}")
if __name__ == '__main__':
    process1 = multiprocessing.Process(target=esegui_task)
    process2 = multiprocessing.Process(target=esegui_task)

    process1.start()
    process2.start()

    process1.join()
    process2.join()

    print("Processo principale terminato.")
```

Output:

```
Inizio task nel processo Process-1
Inizio task nel processo Process-2
Task completato nel processo Process-1
Task completato nel processo Process-2
Processo principale terminato.
```

In questo esempio, due processi separati eseguono il task in parallelo, ognuno su un core della CPU separato.

4.3.2 Condivisione di Dati tra Processi

A differenza dei thread, i processi non condividono la stessa memoria. Se hai bisogno di condividere dati tra processi, puoi utilizzare **Queue** o **Manager** di multiprocessing:

168

```
from multiprocessing import Process, Queue

def esegui_task(queue):
    queue.put("Dati dal processo figlio")

if __name__ == '__main__':
    queue = Queue()
    process = Process(target=esegui_task, args=(queue,))
    process.start()
    process.join()

    # Recuperiamo i dati dal processo figlio
    print(queue.get())
```

Output:

```
Dati dal processo figlio
```

In questo esempio, utilizziamo una **Queue** per trasferire dati dal processo figlio al processo principale.

4.3.3 Pool di Processi

Come per il multithreading, anche per il multiprocessing è possibile utilizzare un **ProcessPoolExecutor** per gestire task multipli in parallelo:

```
from concurrent.futures import ProcessPoolExecutor

def esegui_task(num):
    return f"Task {num} completato."

if __name__ == '__main__':
```

```
with ProcessPoolExecutor(max_workers=4) as executor:
    risultati = executor.map(esegui_task, range(10))

for risultato in risultati:
    print(risultato)
```

Questo esempio esegue 10 task su 4 processi separati, sfruttando appieno i core della CPU.

4.4 Programmazione Asincrona con asyncio

La **programmazione asincrona** consente di gestire task in modo concorrente, senza la necessità di creare nuovi thread o processi. In Python, questo approccio viene gestito tramite il modulo **asyncio**, che permette di gestire funzioni asincrone, spesso utilizzato per operazioni di I/O che richiedono tempo, come l'accesso a file o la gestione di connessioni di rete.

4.4.1 Funzioni Asincrone e await

Per creare una funzione asincrona in Python, si usa la parola chiave async. All'interno di una funzione asincrona, possiamo sospendere l'esecuzione con await per attendere il completamento di un'altra operazione asincrona.

Ecco un esempio:

```
import asyncio

async def task():
    print("Inizio task...")
    await asyncio.sleep(2)  # Simula un'operazione che richiede
tempo
    print("Task completato.")
```

```
async def main():
    await asyncio.gather(task(), task())

# Esegui il ciclo event loop
asyncio.run(main())
```

Output:

```
Inizio task...
Inizio task...
Task completato.
Task completato.
```

In questo esempio, entrambi i task vengono avviati contemporaneamente e il programma attende che entrambi terminino usando await. asyncio.gather() consente di eseguire più task in modo asincrono.

4.4.2 Creare un Web Scraper Asincrono

L'uso di asyncio è particolarmente utile in applicazioni come il **web scraping**, dove molte operazioni di rete possono essere eseguite in parallelo per migliorare le prestazioni.
Ecco un esempio di scraper asincrono che recupera dati da più URL:

```
import asyncio
import aiohttp

async def fetch(url):
    async with aiohttp.ClientSession() as session:
        async with session.get(url) as response:
```

```
        return await response.text()

async def main():
    urls = [
        "https://example.com",
        "https://python.org",
        "https://github.com"
    ]
    tasks = [fetch(url) for url in urls]
    risultati = await asyncio.gather(*tasks)

    for risultato in risultati:
        print(f"Ricevuto {len(risultato)} caratteri")

# Esegui il ciclo event loop
asyncio.run(main())
```

In questo esempio, **aiohttp** viene utilizzato per eseguire richieste HTTP in modo asincrono. Grazie a asyncio.gather(), le richieste vengono eseguite contemporaneamente, riducendo significativamente il tempo totale di esecuzione rispetto a una soluzione sincrona.

4.5 Sincronizzazione e Gestione della Concorrenza con Queue, Semaphore

Quando si lavora con thread o processi concorrenti, spesso è necessario sincronizzare l'accesso a risorse condivise o limitare il numero di thread/processi che possono accedere a una risorsa contemporaneamente. Python fornisce strumenti come **Queue** e **Semaphore** per gestire queste situazioni.

4.5.1 Sincronizzazione con Queue

Le **Queue** sono utili quando si desidera trasferire dati tra thread o processi in modo sicuro e sincronizzato. Ecco un esempio con threading:

```python
import threading
import queue

q = queue.Queue()

def produttore():
    for i in range(5):
        q.put(i)
        print(f"Prodotto {i}")

def consumatore():
    while not q.empty():
        item = q.get()
        print(f"Consumato {item}")

# Crea e avvia i thread
prod_thread = threading.Thread(target=produttore)
cons_thread = threading.Thread(target=consumatore)

prod_thread.start()
prod_thread.join()  # Attende il termine del produttore

cons_thread.start()
cons_thread.join()
```

Output:

```
Prodotto 0
Prodotto 1
Prodotto 2
Prodotto 3
Prodotto 4
Consumato 1
Consumato 2
Consumato 3
Consumato 4
```

In questo esempio, la Queue garantisce che i dati siano trasferiti in modo sicuro tra il thread produttore e il thread consumatore.

4.5.2 Limitare l'Accesso con Semaphore

Un **semaphore** limita il numero di thread che possono accedere contemporaneamente a una risorsa.
Ecco un esempio:

```python
import threading
import time

semaforo = threading.Semaphore(2)

def task(numero):
    with semaforo:
        print(f"Task {numero} inizia")
        time.sleep(2)
        print(f"Task {numero} finito")

# Avvio di più thread
for i in range(5):
```

```
thread = threading.Thread(target=task, args=(i,))
thread.start()
```

Output:

```
Task 0 inizia
Task 1 inizia
Task 0 finito
Task 2 inizia
Task 1 finito
Task 3 inizia
Task 2 finito
Task 4 inizia
Task 3 finito
Task 4 finito
```

In questo esempio, solo due thread possono eseguire il task contemporaneamente, grazie al semaforo.

In questo capitolo abbiamo esplorato le tecniche avanzate di concorrenza e parallelismo in Python, utilizzando moduli come threading, multiprocessing e asyncio. Questi strumenti ti consentono di migliorare drasticamente le prestazioni del tuo codice in ambienti complessi, dove è cruciale gestire in modo efficiente operazioni simultanee e parallele.

Manipolazione Avanzata dei Dati

Uno degli usi più potenti di Python è la sua capacità di manipolare dati in modo efficiente e flessibile. Sia che si lavori con piccole strutture dati o grandi dataset, Python offre strumenti avanzati per la gestione di liste, dizionari, set, file di grandi dimensioni e formati di serializzazione.

In questo capitolo, esploreremo le tecniche avanzate per lavorare con le strutture dati fondamentali di Python, l'uso di comprensioni complesse, la manipolazione efficiente di file e l'uso di librerie avanzate come pandas e pickle.

5.1 Uso Avanzato di Liste, Set, Tuple e Dizionari

Python offre diverse strutture dati integrate che permettono di memorizzare e gestire collezioni di dati in modo efficiente. Oltre ai semplici usi di liste, set, tuple e dizionari, esistono tecniche avanzate che consentono di ottimizzare il loro utilizzo, migliorando le prestazioni e riducendo il consumo di memoria.

5.1.1 Liste

Le **liste** sono probabilmente la struttura dati più utilizzata in Python. Anche se le operazioni di base sono molto semplici (aggiungere, rimuovere, accedere agli elementi), Python offre funzioni avanzate per manipolare le liste in modo efficiente.

Slicing avanzato: Puoi usare lo slicing per accedere a porzioni di una lista senza doverla iterare manualmente.

```
lista = [1, 2, 3, 4, 5, 6, 7, 8, 9, 10]

# Estrai gli elementi pari dalla lista
elementi_pari = lista[1::2]
print(elementi_pari) # Output: [2, 4, 6, 8, 10]
```

Ordinamento con chiavi personalizzate: Il metodo sort() e la funzione sorted() consentono di ordinare le liste in base a chiavi personalizzate.

```
studenti = [
    {'nome': 'Luca', 'voto': 90},
    {'nome': 'Anna', 'voto': 85},
    {'nome': 'Marta', 'voto': 92}
]

# Ordina gli studenti per voto
studenti_ordinati = sorted(studenti, key=lambda x:
x['voto'])
print(studenti_ordinati)
```

5.1.2 Dizionari

I **dizionari** sono estremamente utili per memorizzare dati associati a una chiave. Oltre agli usi di base, esistono modi avanzati per gestirli.

Iterazione efficiente: Quando iteri su un dizionario, puoi ottenere sia la chiave che il valore simultaneamente usando items().

```
dizionario = {'a': 1, 'b': 2, 'c': 3}

# Itera sulle coppie chiave-valore
for chiave, valore in dizionario.items():
    print(f"{chiave}: {valore}")
```

Creare dizionari da iterabili: Puoi creare un dizionario direttamente da una lista o da altre strutture dati usando comprensioni o la funzione dict().

```
# Crea un dizionario da una lista di tuple
dati = [('nome', 'Luca'), ('età', 25), ('città', 'Milano')]
dizionario = dict(dati)
print(dizionario)
```

5.1.3 Set

I **set** sono strutture dati che memorizzano elementi unici. Il loro uso più comune è eliminare duplicati da una collezione, ma possono essere sfruttati anche per operazioni come intersezioni e differenze.

```
# Crea un dizionario da una lista di tuple
dati = [('nome', 'Luca'), ('età', 25), ('città', 'Milano')]
dizionario = dict(dati)
print(dizionario)
```

5.1.4 Tuple

Le **tuple** sono simili alle liste, ma sono immutabili, il che significa che non possono essere modificate dopo la loro creazione. Questo le rende utili quando hai bisogno di memorizzare dati in modo sicuro senza preoccuparti che vengano alterati.

```
tupla = (1, 2, 3)
# Le tuple sono immutabili, non puoi fare: tupla[0] = 10
```

5.2 Comprensioni Complesse

Le **comprensioni** sono un modo conciso e potente per creare nuove liste, dizionari e set da altri iterabili. Oltre agli usi di base, è possibile utilizzare comprensioni complesse con condizioni multiple e cicli annidati.

5.2.1 List Comprehension Avanzate

Le comprensioni di lista permettono di costruire liste in modo conciso.

```
# Creare una lista con i quadrati dei numeri da 1 a 10
quadrati = [x ** 2 for x in range(1, 11)]
print(quadrati)
```

Puoi anche includere condizioni nelle comprensioni:

```
# Solo i quadrati pari
quadrati_pari = [x ** 2 for x in range(1, 11) if x % 2 == 0]
print(quadrati_pari)
```

5.2.2 Dict e Set Comprehension

Anche i dizionari e i set possono essere creati in modo efficiente usando le comprensioni.

Dizionari:
```
# Crea un dizionario con le lettere e i loro codici ASCII
dizionario_ascii = {char: ord(char) for char in 'abcde'}
print(dizionario_ascii)
```

Set:

```
# Crea un set con i quadrati dei numeri da 1 a 5
quadrati_set = {x ** 2 for x in range(1, 6)}
print(quadrati_set)
```

5.3 Gestione e Manipolazione di File di Grandi Dimensioni

Quando lavori con file di grandi dimensioni, l'uso della memoria può diventare un problema. Invece di caricare un intero file in memoria, puoi leggere il file in modo incrementale, riducendo l'uso delle risorse.

5.3.1 Lettura Incrementale di File

Leggere un file linea per linea è un'ottima strategia quando lavori con file di grandi dimensioni:

```
with open('file_grande.txt', 'r') as file:
    for linea in file:
        processa(linea)  # Funzione che elabora ogni riga
```

Questo metodo consente di elaborare grandi quantità di dati senza esaurire la memoria.

5.3.2 Uso dei Generatori per la Lettura di File

I **generatori** sono particolarmente utili quando lavori con grandi dataset o file, poiché ti permettono di processare un elemento alla volta senza caricare l'intera collezione in memoria.

```
def leggi_file(file_path):
    with open(file_path, 'r') as file:
        for linea in file:
            yield linea

for linea in leggi_file('file_grande.txt'):
    processa(linea)
```

Il generatore leggi_file restituisce una linea alla volta, rendendo il processo molto efficiente.

5.4 Utilizzo di Librerie Avanzate per il Data Processing

Python è dotato di molte librerie potenti per la manipolazione dei dati. Tra queste, **pandas** è una delle più popolari per l'analisi dei dati strutturati. pandas fornisce strutture dati come **DataFrame**, che facilitano l'elaborazione di grandi quantità di dati.

5.4.1 Introduzione a pandas

Un **DataFrame** è una struttura dati tabellare con etichette per righe e colonne. È molto simile a un foglio di calcolo o una tabella di database.

```
import pandas as pd

# Crea un DataFrame da un dizionario
dati = {'Nome': ['Anna', 'Luca', 'Marta'], 'Età': [25, 30, 22]}
df = pd.DataFrame(dati)

# Visualizza il DataFrame
print(df)
```

Output:

```
    Nome  Età
0   Anna  25
1   Luca  30
2   Marta 22
```

5.4.2 Operazioni Avanzate con pandas

pandas offre una vasta gamma di operazioni per manipolare i dati in modo efficiente:

Filtraggio dei dati:

```
# Filtra i dati per selezionare solo le righe dove l'età è maggiore di 25
filtro = df[df['Età'] > 25]
print(filtro)
```

Operazioni su colonne:

```
# Aggiungi una nuova colonna con il doppio dell'età
df['DoppioEtà'] = df['Età'] * 2
print(df)
```

5.4.3 Lavorare con File di Grandi Dimensioni in pandas

Uno degli utilizzi principali di pandas è la gestione di file CSV di grandi dimensioni. Grazie a funzioni come read_csv(), puoi caricare file in memoria in modo efficiente.

```python
import pandas as pd

# Leggi un file CSV di grandi dimensioni
df = pd.read_csv('file_grande.csv', chunksize=1000)

# Processa il file a blocchi di 1000 righe per volta
for chunk in df:
    processa(chunk)  # Funzione che elabora ogni chunk di dati
```

In questo esempio, chunksize permette di leggere il file CSV a blocchi, riducendo il consumo di memoria.

5.5 Tecniche di Serializzazione con pickle, JSON, HDF5

La **serializzazione** è il processo di trasformare un oggetto Python in un formato che può essere memorizzato su disco o trasmesso in rete. Python supporta diversi formati di serializzazione, come **JSON, pickle** e **HDF5**.

5.5.1 Serializzazione con JSON

Il formato **JSON** è molto comune per scambiare dati tra sistemi diversi, in particolare nelle applicazioni web. Python fornisce il modulo json per convertire oggetti Python in stringhe JSON e viceversa.

```python
import json

# Serializzazione
dati = {'nome': 'Luca', 'età': 30}
json_string = json.dumps(dati)
print(json_string)
```

```
# Deserializzazione
dati_recuperati = json.loads(json_string)
print(dati_recuperati)
```

5.5.2 Serializzazione con pickle

Il modulo **pickle** consente di serializzare e deserializzare oggetti Python in un formato binario. A differenza di JSON, pickle può serializzare oggetti complessi come classi e funzioni, ma è meno sicuro per il trasferimento su reti non fidate.

```
import pickle

# Serializzazione
dati = {'nome': 'Luca', 'età': 30}
with open('dati.pkl', 'wb') as file:
    pickle.dump(dati, file)

# Deserializzazione
with open('dati.pkl', 'rb') as file:
    dati_recuperati = pickle.load(file)
print(dati_recuperati)
```

5.5.3 Serializzazione con HDF5

Il formato **HDF5** è utilizzato per memorizzare grandi quantità di dati in modo efficiente. È particolarmente utile in ambito scientifico e per il machine learning. pandas supporta nativamente la lettura e la scrittura di file HDF5.

```
import pandas as pd

# Serializzazione con HDF5
df = pd.DataFrame({'nome': ['Luca', 'Anna'], 'età': [30, 25]})
df.to_hdf('dati.h5', key='df', mode='w')
```

```
# Deserializzazione da HDF5
df_recuperato = pd.read_hdf('dati.h5', 'df')
print(df_recuperato)
```

In questo capitolo, abbiamo esplorato tecniche avanzate per la manipolazione dei dati in Python, inclusi metodi avanzati per lavorare con liste, dizionari, set e tuple, l'uso di comprensioni complesse, la gestione di file di grandi dimensioni, e l'uso di librerie come pandas per la gestione efficiente dei dati. Abbiamo anche visto come serializzare e deserializzare oggetti utilizzando formati come JSON, pickle e HDF5. Queste competenze sono fondamentali per chiunque lavori con grandi quantità di dati o in applicazioni che richiedono un'ottimizzazione della memoria e delle prestazioni.

Testing e Debugging Avanzato

Il **testing** e il **debugging** sono due aspetti fondamentali nello sviluppo software. Senza un adeguato sistema di test, il codice può presentare bug che emergono solo in produzione, con conseguenze potenzialmente gravi. Inoltre, il debugging avanzato aiuta a identificare e risolvere i problemi in modo rapido ed efficace.

In questo capitolo esploreremo i principi avanzati di unit testing, mock, test parametrizzati, e l'uso di strumenti di debugging in Python come pdb e breakpoint(). Inoltre, discuteremo dell'integrazione continua e dei test automatizzati.

6.1 Principi di Unit Testing con unittest e pytest

L'**unit testing** è un metodo per testare singole unità di codice, come funzioni o classi, in isolamento. Python fornisce il modulo integrato **unittest**, mentre **pytest** è una libreria di terze parti più avanzata, che facilita la scrittura di test e offre molte funzionalità aggiuntive.

6.1.1 Creazione di Test con unittest

Il modulo **unittest** segue la struttura delle **classi di test**, dove ogni metodo all'interno della classe rappresenta un test. Ecco un esempio semplice di un test scritto con unittest:

```
import unittest

def somma(a, b):
```

```
    return a + b

class TestSomma(unittest.TestCase):
    def test_somma_positivi(self):
        self.assertEqual(somma(2, 3), 5)

    def test_somma_negativi(self):
        self.assertEqual(somma(-2, -3), -5)

if __name__ == '__main__':
    unittest.main()
```

In questo esempio, la funzione somma() viene testata con due casi: somma di numeri positivi e somma di numeri negativi. unittest fornisce una serie di metodi di asserzione (come assertEqual()) per verificare i risultati.

6.1.2 Test Parametrizzati con pytest

Con **pytest**, è possibile scrivere test più semplici e leggibili rispetto a unittest, specialmente quando si tratta di **test parametrizzati**, dove uno stesso test viene eseguito con diverse combinazioni di parametri. Ecco un esempio di test parametrizzato con pytest:

```
import pytest

def somma(a, b):
    return a + b

@pytest.mark.parametrize("a, b, risultato_atteso", [
    (2, 3, 5),
    (-2, -3, -5),
    (0, 5, 5)
])
def test_somma(a, b, risultato_atteso):
    assert somma(a, b) == risultato_atteso
```

In questo esempio, il decoratore @pytest.mark.parametrize consente di eseguire il test test_somma() con diverse combinazioni di input, migliorando la copertura del codice e riducendo la ripetizione.

6.1.3 Configurazione di Test Setup e Teardown

A volte, i test richiedono una configurazione iniziale (ad esempio, l'instanziamento di oggetti) o la pulizia finale (come la chiusura di connessioni o la rimozione di file temporanei). unittest fornisce i metodi **setUp()** e **tearDown()** per questo scopo:

```python
import unittest

class TestDatabase(unittest.TestCase):
    def setUp(self):
        # Configura una connessione a un database fittizio
        self.db = "Connessione aperta"

    def tearDown(self):
        # Chiude la connessione al database
        self.db = "Connessione chiusa"

    def test_inserimento(self):
        self.assertEqual(self.db, "Connessione aperta")

if __name__ == '__main__':
    unittest.main()
```

viene eseguito prima di ogni test, mentre tearDown() viene eseguito dopo ogni test, garantendo che l'ambiente di test sia pulito e isolato.

6.2 Mocking e Test di Funzioni Dipendenti

Il **mocking** è una tecnica utilizzata per sostituire parti di un sistema che non sono sotto il tuo controllo diretto durante i test, come connessioni di rete, database o altre funzioni esterne. Questo permette di testare il comportamento delle tue funzioni senza dover dipendere da risorse esterne o difficili da riprodurre.

6.2.1 Introduzione al Modulo unittest.mock

Il modulo **unittest.mock** permette di creare oggetti "mock" che simulano il comportamento di oggetti reali. Puoi controllare come rispondono a chiamate di metodo, fornendo valori predefiniti o asserzioni su come sono stati utilizzati.

Ecco un esempio di come usare mock per simulare una richiesta HTTP:

```
from unittest import mock
import requests

def get_dati(url):
    risposta = requests.get(url)
    return risposta.json()

@mock.patch('requests.get')
def test_get_dati(mock_get):
    mock_get.return_value.json.return_value = {'nome': 'Luca'}
    risultato = get_dati('http://finto-url.com')
    assert risultato['nome'] == 'Luca'
```

In questo esempio, mock.patch sostituisce la funzione requests.get con un mock. Questo ti permette di testare la funzione get_dati() senza fare una vera richiesta HTTP.

6.2.2 Mocking di Oggetti Complessi

Il mocking diventa particolarmente utile quando hai a che fare con oggetti complessi come database o API. Ecco un esempio in cui si simula una connessione a un database:

```python
from unittest import mock

class Database:
    def connetti(self):
        pass

    def esegui_query(self, query):
        pass

@mock.patch.object(Database, 'connetti', return_value=True)
@mock.patch.object(Database,                    'esegui_query',
return_value=[{'id': 1, 'nome': 'Luca'}])
def test_database(mock_connetti, mock_esegui_query):
    db = Database()
    db.connetti()
    risultati = db.esegui_query('SELECT * FROM utenti')
    assert len(risultati) == 1
    assert risultati[0]['nome'] == 'Luca'
```

In questo caso, sia il metodo connetti() che esegui_query() del database vengono mockati, simulando una connessione avvenuta con successo e un risultato fittizio dalla query.

6.3 Debugging Efficace con pdb e breakpoint()

Il **debugging** è una parte cruciale del processo di sviluppo e aiuta a identificare errori logici o di esecuzione nel codice.

Python fornisce strumenti potenti come il modulo **pdb** (Python Debugger) e la funzione **breakpoint()** per aiutare gli sviluppatori a eseguire il codice passo per passo, ispezionare variabili e diagnosticare problemi.

6.3.1 Utilizzo di pdb per il Debugging

pdb è il debugger integrato di Python, che ti consente di eseguire un programma passo per passo, impostare breakpoint e ispezionare lo stato delle variabili durante l'esecuzione.

Ecco un esempio di come usare pdb per eseguire il debug di una funzione:

```
import pdb

def somma(a, b):
    pdb.set_trace()  # Imposta un breakpoint qui
    return a + b

somma(3, 4)
```

Quando esegui questo codice, l'interprete entrerà in modalità debug non appena raggiunge pdb.set_trace(). Da qui, puoi utilizzare comandi come:

n: Esegui la prossima istruzione.

s: Entra nella funzione chiamata.

c: Continua fino al prossimo breakpoint.

p: Stampa il valore di una variabile (p a per stampare a).

q: Esci dal debugger.

6.3.2 Uso di breakpoint() in Python 3.7+

Dalla versione 3.7, Python ha introdotto la funzione **breakpoint()**, che semplifica l'inserimento di breakpoint nel codice, richiamando automaticamente il debugger configurato (di default pdb).

```
def somma(a, b):
    breakpoint()  # Pausa l'esecuzione e avvia il debugger
    return a + b

somma(5, 7)
```

breakpoint() è una soluzione più elegante rispetto a pdb.set_trace() ed è configurabile, permettendo l'uso di altri debugger se necessario.

6.3.3 Debugging di Codice Asincrono

Per il debugging del codice asincrono, come le funzioni gestite da asyncio, pdb offre un supporto limitato, ma librerie come **aiomonitor** possono essere utilizzate per ottenere una funzionalità di debug simile a quella sincrona.

6.4 Creazione di Test Suite Automatizzate

Una **test suite** è una raccolta di test che possono essere eseguiti automaticamente per garantire che tutto il codice funzioni correttamente. Le test suite sono particolarmente utili per i progetti su larga scala, dove è necessario eseguire molti test su diverse parti del sistema.

6.4.1 Esecuzione di Test Automatizzati con pytest

pytest facilita l'esecuzione di test su larga scala. Per eseguire tutti i test presenti nel tuo progetto, basta eseguire:

```
pytest
```

Puoi anche generare report dettagliati utilizzando l'opzione -v:

```
pytest -v
```

pytest può integrare plugin, come **pytest-cov**, per generare report di **copertura del codice** (quali parti del codice sono coperte dai test):

```
pytest --cov=tuo_modulo
```

6.4.2 Continuous Integration (CI)

La **continuous integration** (CI) è una pratica che prevede l'esecuzione automatica dei test ogni volta che nuovo codice viene aggiunto a un progetto. Strumenti come **Jenkins, Travis CI** o **GitLab CI** possono essere configurati per eseguire automaticamente i test e verificare che le modifiche non introducano regressioni.

Ecco un esempio di un file .gitlab-ci.yml per eseguire test automatizzati con pytest in GitLab CI:

stages:

```
  - test

test_job:
  stage: test
  script:
    - pip install -r requirements.txt
    - pytest --cov=tuo_modulo
```

Ogni volta che si invia nuovo codice al repository, GitLab CI eseguirà automaticamente i test definiti.

6.5 Debugging in Ambienti Complessi

Quando il codice viene eseguito in ambienti complessi, come container Docker o macchine remote, il debugging può diventare più difficile. Tuttavia, esistono strumenti e tecniche per semplificare il processo.

6.5.1 Debugging con Docker

Quando si eseguono applicazioni in container Docker, puoi eseguire il debugger all'interno del container per diagnosticare problemi. Ecco come accedere a un container Docker per eseguire pdb:

```
docker exec -it nome_container /bin/bash
```

Una volta all'interno del container, puoi eseguire il tuo script con il debugger:

```
python -m pdb script.py
```

6.5.2 Debugging Remoto

Se stai eseguendo il codice su una macchina remota, puoi utilizzare strumenti come **pdb** in modalità remota o strumenti di terze parti come **rpdb** o **remote-pdb** che consentono di eseguire il debugging remoto su una porta specifica:

```
import rpdb
rpdb.set_trace(address=('0.0.0.0', 4444))  # Avvia il
debugger sulla porta 4444
```

Puoi quindi connetterti al debugger remoto utilizzando telnet:

```
telnet 127.0.0.1 4444
```

In questo capitolo, abbiamo esplorato le tecniche avanzate di testing e debugging in Python. Dalla creazione di unit test e test parametrizzati all'uso del mocking per testare funzioni dipendenti, fino al debugging con strumenti potenti come pdb e breakpoint().

Abbiamo anche visto come automatizzare il processo di testing con pytest e implementare l'integrazione continua per mantenere alta la qualità del codice. Queste competenze ti aiuteranno a creare software più affidabile e a diagnosticare rapidamente eventuali problemi, rendendo il tuo processo di sviluppo più efficiente e robusto.

Interfacce API e Web Scraping

Le **API** (Application Programming Interface) e il **web scraping** sono due tecniche potenti per ottenere, elaborare e automatizzare l'accesso ai dati da fonti esterne. Le API consentono di interagire con servizi online in modo strutturato, spesso utilizzando protocolli standard come HTTP e formati di dati come JSON. Il web scraping, invece, permette di estrarre dati direttamente dalle pagine web, simulando l'interazione di un utente.

In questo capitolo esploreremo come lavorare con le API RESTful, come autenticarsi, analizzare dati JSON/XML e come automatizzare il web scraping con librerie come BeautifulSoup e Selenium. Inoltre, vedremo come gestire le richieste asincrone con aiohttp e come applicare tecniche avanzate per scraping di dati complessi.

7.1 Connessione e Autenticazione con API RESTful

Le **API RESTful** sono interfacce che seguono i principi REST (Representational State Transfer) e permettono di interagire con servizi web utilizzando semplici chiamate HTTP. Le operazioni tipiche delle API RESTful includono la gestione di risorse (creazione, lettura, aggiornamento e cancellazione) attraverso metodi HTTP come GET, POST, PUT e DELETE.

7.1.1 Invio di Richieste HTTP con requests

Python fornisce la libreria **requests**, che semplifica l'invio di richieste HTTP. Ecco un esempio di come eseguire una semplice richiesta GET per ottenere dati JSON da un'API:

```python
import requests

url = "https://jsonplaceholder.typicode.com/posts/1"
response = requests.get(url)

# Controlla se la richiesta è andata a buon fine
if response.status_code == 200:
    dati = response.json()  # Ottieni i dati in formato JSON
    print(dati)
else:
    print(f"Errore nella richiesta: {response.status_code}")
```

In questo esempio, utilizziamo requests.get() per inviare una richiesta GET all'API. Il metodo .json() ci consente di convertire la risposta in un dizionario Python.

7.1.2 Autenticazione con Token e OAuth

Molte API richiedono autenticazione. Uno dei metodi più comuni è l'uso di **token** di accesso. Questi token vengono passati nell'header della richiesta.

Ecco un esempio di richiesta con autenticazione tramite token:

```python
url = "https://api.example.com/protected"
headers = {
    "Authorization": "Bearer tuo_token_accesso"
}
response = requests.get(url, headers=headers)
```

```
if response.status_code == 200:
    dati = response.json()
    print(dati)
else:
    print(f"Errore: {response.status_code}")
```

Quando si lavora con API più avanzate, potresti dover utilizzare **OAuth**, un protocollo che permette un'autenticazione sicura senza condividere direttamente le credenziali. Per esempio, molte API come quelle di Google, Twitter e GitHub utilizzano OAuth.

7.1.3 Invio di Dati con POST e PUT

Oltre a ottenere dati, potresti dover inviare informazioni a un'API tramite POST o aggiornare risorse con PUT. Ecco un esempio di una richiesta POST:

```
url = "https://jsonplaceholder.typicode.com/posts"
dati = {
    "title": "Titolo del post",
    "body": "Questo è il corpo del post",
    "userId": 1
}

response = requests.post(url, json=dati)
if response.status_code == 201:
    print("Post creato con successo:", response.json())
else:
    print(f"Errore: {response.status_code}")
```

In questo esempio, inviamo un oggetto JSON all'API per creare una nuova risorsa (un post) usando requests.post().

7.2 Parsing Avanzato di Dati JSON/XML con requests

Le risposte delle API sono spesso in formato **JSON** o **XML**. Python fornisce strumenti semplici per analizzare e gestire questi formati.

7.2.1 Parsing di Dati JSON

Abbiamo già visto come analizzare JSON con response.json(). Puoi accedere ai dati JSON come se fossero dizionari o liste di Python.

```
response                                              =
requests.get("https://jsonplaceholder.typicode.com/posts/1")
dati = response.json()

print(f"Titolo: {dati['title']}")
print(f"Contenuto: {dati['body']}")
```

In questo caso, accediamo agli elementi della risposta JSON come chiavi di un dizionario Python.

7.2.2 Parsing di Dati XML

Per il parsing di dati XML, puoi utilizzare librerie come **xml.etree.ElementTree** o librerie più avanzate come **lxml**. Ecco un esempio di parsing di una risposta XML:

```
import xml.etree.ElementTree as ET
import requests

response                                              =
requests.get("https://www.w3schools.com/xml/note.xml")
```

```
root = ET.fromstring(response.content)
for child in root:
    print(f"{child.tag}: {child.text}")
```

In questo esempio, ElementTree analizza la struttura XML e permette di accedere ai dati come nodi di un albero.

7.3 Automazione del Web Scraping con BeautifulSoup e Selenium

Quando i dati non sono disponibili tramite API, il **web scraping** è una tecnica utile per estrarre informazioni direttamente dalle pagine web. Esistono due principali strumenti in Python per il web scraping: **BeautifulSoup** per analizzare l'HTML e **Selenium** per automatizzare le interazioni con pagine dinamiche.

7.3.1 Introduzione a BeautifulSoup

BeautifulSoup è una libreria potente per il parsing di HTML. Può essere utilizzata per estrarre dati strutturati da pagine web.
Ecco un esempio base di utilizzo di BeautifulSoup per estrarre titoli da una pagina HTML:

```
import requests
from bs4 import BeautifulSoup

url = "https://example.com"
response = requests.get(url)
soup = BeautifulSoup(response.text, 'html.parser')

# Trova tutti i tag <h2>
titoli = soup.find_all('h2')
for titolo in titoli:
```

```
print(titolo.text)
```

In questo esempio, BeautifulSoup analizza il contenuto HTML e il metodo find_all() trova tutti gli elementi h2 nella pagina.

7.3.2 Scraping di Tabelle con BeautifulSoup

BeautifulSoup è utile per estrarre dati da tabelle HTML:

```
import requests
from bs4 import BeautifulSoup

url = "https://example.com/table"
response = requests.get(url)
soup = BeautifulSoup(response.text, 'html.parser')

# Trova la tabella
tabella = soup.find('table')
righe = tabella.find_all('tr')

for riga in righe:
    colonne = riga.find_all('td')
    dati = [colonna.text for colonna in colonne]
    print(dati)
```

In questo esempio, cerchiamo una tabella HTML e iteriamo su ogni riga e colonna per estrarre i dati.

7.3.3 Automazione di Pagine Dinamiche con Selenium

Quando le pagine web sono generate dinamicamente tramite JavaScript, BeautifulSoup da solo non è sufficiente. In questi casi, puoi usare **Selenium**, che permette di automatizzare un browser per interagire con le pagine.

Ecco un esempio di utilizzo di Selenium per interagire con una pagina:

```python
from selenium import webdriver
from selenium.webdriver.common.by import By

# Avvia il browser
driver = webdriver.Chrome()

# Visita la pagina
driver.get("https://example.com/login")

# Interagisci con la pagina
username = driver.find_element(By.NAME, "username")
username.send_keys("mio_username")

password = driver.find_element(By.NAME, "password")
password.send_keys("mia_password")

# Invia il form
driver.find_element(By.NAME, "submit").click()

# Attendi e chiudi il browser
driver.quit()
```

In questo esempio, Selenium viene utilizzato per automatizzare il login a una pagina web. Puoi usare Selenium per simulare qualsiasi interazione con il browser, come cliccare su link, scorrere la pagina e compilare moduli.

7.4 Gestione delle Richieste Asincrone con aiohttp

Quando devi fare molte richieste a un server, ad esempio per il web scraping o per interagire con API, l'uso di richieste sincrone può rallentare il programma. Utilizzando richieste asincrone con **aiohttp**, puoi inviare e ricevere richieste in parallelo, migliorando le prestazioni.

7.4.1 Eseguire Richieste Asincrone

Ecco come utilizzare aiohttp per fare richieste HTTP asincrone:

```python
import aiohttp
import asyncio

async def fetch(session, url):
    async with session.get(url) as response:
        return await response.text()

async def main():
    async with aiohttp.ClientSession() as session:
        urls = ["https://example.com", "https://example.org"]
        tasks = [fetch(session, url) for url in urls]
        risultati = await asyncio.gather(*tasks)

        for risultato in risultati:
            print(risultato)

# Avvia l'event loop
asyncio.run(main())
```

In questo esempio, aiohttp viene utilizzato per inviare richieste GET in modo asincrono. asyncio.gather() consente di eseguire tutte le richieste in parallelo, migliorando l'efficienza.

7.4.2 Gestione degli Errori nelle Richieste Asincrone

È importante gestire gli errori durante le richieste asincrone. Ecco un esempio di gestione degli errori con aiohttp:

```python
import aiohttp
import asyncio

async def fetch(url):
    try:
        async with aiohttp.ClientSession() as session:
            async with session.get(url) as response:
                return await response.text()
    except aiohttp.ClientError as e:
        print(f"Errore nella richiesta: {e}")

async def main():
    url = "https://example.com"
    risultato = await fetch(url)
    if risultato:
        print(risultato)

asyncio.run(main())
```

In questo esempio, gestiamo eventuali errori di rete utilizzando aiohttp.ClientError, assicurandoci che il programma non si arresti in caso di problemi di connessione.

7.5 Esempi di Progetti di Scraping Complessi

Il web scraping può diventare complesso quando si ha a che fare con pagine protette, sessioni di login, o contenuti caricati dinamicamente. Ecco un esempio di scraping di un sito che richiede il login.

7.5.1 Scraping di Pagine Protette

Per eseguire scraping su pagine che richiedono l'autenticazione, è necessario gestire la sessione di login. Ecco un esempio di utilizzo di requests per accedere a una pagina protetta:

```
import requests

login_url = "https://example.com/login"
scraping_url = "https://example.com/protected"

# Invia le credenziali per il login
session = requests.Session()
login_data = {"username": "mio_username", "password":
"mia_password"}
session.post(login_url, data=login_data)

# Una volta autenticati, possiamo accedere alla pagina protetta
response = session.get(scraping_url)
print(response.text)
```

In questo esempio, utilizziamo requests.Session() per mantenere la sessione di login attiva e accedere a una pagina protetta.

7.6 Best Practice per API e Web Scraping

Quando lavori con API o fai web scraping, ci sono alcune **best practice** da seguire per garantire che il tuo codice sia efficiente, sicuro e rispettoso dei termini di utilizzo del sito web o del servizio API.

Rispetta i Termini di Servizio: Molti siti web e API impongono limiti su quanto spesso e con che frequenza puoi inviare richieste. Assicurati di leggere e rispettare i termini di servizio per evitare di essere bloccato.

Rate Limiting: Utilizza tecniche per limitare il numero di richieste inviate in un dato intervallo di tempo. Puoi implementare una pausa tra le richieste o utilizzare librerie come ratelimit.

Gestione degli Errori: Gestisci gli errori come timeout e problemi di connessione in modo che il tuo programma non si blocchi inaspettatamente. Imposta timeout appropriati per le richieste.

Caching: Per ridurre la pressione sui server e migliorare le prestazioni, implementa un sistema di caching, che ti consenta di memorizzare le risposte delle richieste recenti e riutilizzarle, anziché inviare una nuova richiesta.

In questo capitolo abbiamo esplorato due potenti strumenti per ottenere dati da fonti esterne: le API e il web scraping. Hai imparato come connetterti a API RESTful, autenticarti, inviare e ricevere dati in modo asincrono con aiohttp, e come estrarre dati dalle pagine web con BeautifulSoup e Selenium. Abbiamo anche visto esempi di scraping di pagine protette e alcune best practice per l'utilizzo di queste tecniche in modo efficiente e sicuro. Questi strumenti ti permettono di costruire applicazioni che interagiscono con il mondo esterno e automatizzare la raccolta di informazioni preziose per i tuoi progetti.

Strumenti di Automazione e DevOps

La **programmazione Python** è uno degli strumenti preferiti per l'automazione di compiti ripetitivi e la gestione di infrastrutture DevOps. In questo capitolo, esploreremo come Python può essere utilizzato per automatizzare task comuni come la gestione dei file, l'esecuzione di comandi di sistema, la creazione di container Docker e l'implementazione di pipeline di Continuous Integration (CI). Vedremo anche come utilizzare strumenti come **subprocess**, **os**, **Docker**, **fabric**, **tox**, e come configurare l'integrazione continua con Jenkins e GitLab CI.

8.1 Automazione delle Attività Quotidiane con subprocess e os

Python fornisce potenti strumenti integrati per automatizzare task di sistema. I moduli **subprocess** e **os** permettono di interagire con il sistema operativo, eseguire comandi, manipolare file e directory, e gestire processi.

8.1.1 Eseguire Comandi di Sistema con subprocess

Il modulo **subprocess** consente di eseguire comandi del sistema operativo direttamente dal tuo script Python. Questo è utile quando vuoi automatizzare attività che di solito richiedono comandi shell.

Ecco un esempio di utilizzo di subprocess per eseguire un semplice comando shell:

```
import subprocess

# Esegui un comando `ls` (list directory)
comando = ['ls', '-l']
subprocess.run(comando)
```

L'output del comando ls verrà stampato direttamente in console. Se desideri catturare l'output del comando in una variabile, puoi utilizzare subprocess.run() con l'opzione capture_outp

```
result = subprocess.run(['ls', '-l'], capture_output=True, text=True)
print(result.stdout)
```

In questo caso, result.stdout conterrà l'output del comando.

8.1.2 Gestione di File e Directory con os

Il modulo **os** fornisce strumenti per interagire con il file system, creare directory, rinominare file, e molto altro.
Ecco alcune operazioni comuni:

Creare una directory:

```
import os

os.mkdir("nuova_cartella")
```

Verificare se un file o una directory esiste:

```
if os.path.exists("nuova_cartella"):
    print("La cartella esiste.")
else:
    print("La cartella non esiste.")
```

Rinominare un file:

```
os.rename("vecchio_nome.txt", "nuovo_nome.txt")
```

Eliminare un file o una directory:

```
os.remove("file_da_eliminare.txt")
os.rmdir("cartella_da_eliminare")
```

Il modulo os è utile per eseguire operazioni di gestione del file system e creare script di automazione per backup, gestione di log o pulizia di directory.

8.2 Utilizzo di Docker per Creare Ambienti di Sviluppo Isolati

Docker è uno strumento potente che permette di "containerizzare" applicazioni, creando ambienti isolati che contengono tutto il necessario per eseguire un programma: codice, librerie e dipendenze. Utilizzando Docker, puoi creare ambienti di sviluppo che replicano perfettamente l'ambiente di produzione, evitando problemi di configurazione.

8.2.1 Creazione di un Contenitore Docker con Python

Un **Dockerfile** è un file di configurazione che descrive come costruire un'immagine Docker per la tua applicazione. Ecco un esempio di Dockerfile per un'applicazione Python:

```
# Utilizza l'immagine base di Python
FROM python:3.9-slim

# Imposta la directory di lavoro all'interno del contenitore
WORKDIR /app

# Copia i file di progetto nel contenitore
COPY . /app

# Installa le dipendenze del progetto
RUN pip install -r requirements.txt

# Comando per eseguire l'applicazione
CMD ["python", "app.py"]
```

In questo Dockerfile:

Viene utilizzata l'immagine base ufficiale di Python (python:3.9-slim).

I file del progetto vengono copiati all'interno del contenitore.

Le dipendenze del progetto vengono installate tramite pip install.

Per creare un'immagine Docker basata su questo Dockerfile, esegui il comando:

```
docker build -t mia_app_python .
```

E per eseguire l'immagine in un contenitore:

```
docker run -d -p 5000:5000 mia_app_python
```

Il comando docker run avvia il contenitore in background (-d) e mappa la porta 5000 del contenitore alla porta 5000 del sistema host.

8.2.2 Gestire Dipendenze con Docker Compose

Docker Compose consente di definire e gestire applicazioni multi-contenitore. È utile quando la tua applicazione ha più componenti, come un server web e un database.
Ecco un esempio di file **docker-compose.yml** che descrive un'applicazione Python collegata a un database PostgreSQL:

```
version: '3'
services:
  web:
    build: .
    ports:
      - "5000:5000"
    depends_on:
      - db
  db:
    image: postgres:13
    environment:
      POSTGRES_USER: admin
      POSTGRES_PASSWORD: password
      POSTGRES_DB: mio_database
```

In questo esempio:

web è il servizio per l'applicazione Python, che dipende dal servizio db.

db utilizza l'immagine di PostgreSQL e configura le variabili di ambiente per l'utente e il database.

Per avviare entrambi i servizi, basta eseguire:

```
docker-compose up
```

Questo comando creerà ed eseguirà entrambi i contenitori.

8.3 Scripting di Attività con fabric e invoke

Fabric e **Invoke** sono librerie Python che semplificano l'automazione di compiti remoti e locali. Sono spesso utilizzate per la distribuzione di applicazioni, l'esecuzione di script su server remoti e la gestione di task complessi.

8.3.1 Utilizzo di Invoke per Automazione Locale

Invoke è uno strumento che permette di definire task ripetitivi in file Python. È utile per automatizzare operazioni locali come la gestione dei file, l'esecuzione di test o la creazione di build.

Ecco un esempio di un semplice script invoke:

```
from invoke import task

@task
def pulisci(ctx):
```

```
"""Rimuove i file temporanei."""
ctx.run("rm -rf *.pyc __pycache__")

@task
def test(ctx):
    """Esegue i test."""
    ctx.run("pytest")

@task
def build(ctx):
    """Costruisce il progetto."""
    ctx.run("python setup.py sdist")
```

In questo esempio, abbiamo definito tre task: pulisci, test, e build. Per eseguire uno di questi task, basta lanciare:

```
invoke pulisci
invoke test
invoke build
```

8.3.2 Esecuzione di Comandi Remoti con Fabric

Fabric è un'estensione di Invoke che permette di eseguire comandi su server remoti tramite SSH. È spesso utilizzato per automatizzare la gestione dei server o la distribuzione di codice.

Ecco un esempio di utilizzo di Fabric per eseguire comandi su un server remoto:

```
from fabric import Connection

def deploy():
```

```
# Connessione al server
conn = Connection("utente@server.com")

# Esegui comandi remoti
conn.run("git pull origin main")
conn.run("pip install -r requirements.txt")
conn.run("systemctl restart mia_app")
```

In questo esempio, Fabric viene utilizzato per collegarsi a un server remoto, aggiornare il codice dall'ultimo commit di Git, installare le dipendenze e riavviare l'applicazione. Questo semplifica enormemente la distribuzione e la gestione delle applicazioni su più server.

8.4 Automazione dei Task di Build con tox

Tox è uno strumento per automatizzare i test e le build su diverse versioni di Python e configurazioni di dipendenze.
È particolarmente utile quando devi garantire che il tuo codice funzioni su più ambienti di sviluppo.

8.4.1 Configurare tox per Test Multiversione

Per configurare tox, è necessario creare un file **tox.ini** che definisca gli ambienti di test. Ecco un esempio di configurazione di tox per testare il codice su più versioni di Python:

```
[tox]
envlist = py37, py38, py39

[testenv]
deps = pytest
commands = pytest
```

In questo file:

envlist specifica le versioni di Python da testare: Python 3.7, 3.8 e 3.9.

deps indica che pytest è necessario per eseguire i test.

Per eseguire i test su tutte le versioni specificate, basta lanciare il comando:

```
tox
```

Tox creerà ambienti virtuali separati per ogni versione di Python e eseguirà i test in ciascuno di essi.

8.5 Continuous Integration con Jenkins e GitLab CI

La **Continuous Integration** (CI) è una pratica che prevede l'esecuzione automatica dei test e delle build ogni volta che viene aggiunto nuovo codice al progetto. Strumenti come **Jenkins** e **GitLab CI** facilitano questo processo, permettendo agli sviluppatori di rilevare problemi con il codice prima che arrivi in produzione.

8.5.1 Configurare Jenkins per Python

Jenkins è uno strumento CI open-source che automatizza la build e il testing del codice. Per configurare Jenkins con Python, è necessario creare una **pipeline** che esegua i test e le build.
Ecco un esempio di **Jenkinsfile** per un progetto Python:

```
pipeline {
  agent any
  stages {
    stage('Installazione') {
      steps {
        sh 'pip install -r requirements.txt'
      }
    }
    stage('Test') {
      steps {
        sh 'pytest --junitxml=report.xml'
      }
    }
    stage('Build') {
      steps {
        sh 'python setup.py sdist'
      }
    }
  }
  post {
    always {
      junit 'report.xml'
    }
  }
}
```

In questo esempio:

Installazione: vengono installate le dipendenze del progetto.

Test: vengono eseguiti i test con pytest.

Build: viene creata una build del progetto con setup.py.

8.5.2 Continuous Integration con GitLab CI

GitLab CI permette di configurare pipeline di integrazione continua direttamente nel tuo repository GitLab, senza bisogno di configurazioni server aggiuntive. Il file di configurazione **.gitlab-ci.yml** definisce i passaggi della pipeline.

Ecco un esempio di .gitlab-ci.yml:

```
stages:
 - test
 - build

test_job:
  stage: test
  script:
   - pip install -r requirements.txt
   - pytest
build_job:
  stage: build
  script:
   - python setup.py sdist
```

In questo esempio, la pipeline ha due fasi:

Test: dove vengono eseguiti i test automatizzati.
Build: dove viene generata la build del progetto.

Ogni volta che viene fatto un push di nuovo codice nel repository, GitLab CI eseguirà automaticamente i passaggi definiti nella pipeline.

8.6 Continuous Deployment e Automazione Avanzata

Una volta che hai integrato il processo di testing e build nel tuo flusso di lavoro, puoi anche configurare il **Continuous Deployment (CD)** per automatizzare la distribuzione del tuo software in ambienti di staging o produzione dopo che tutti i test sono stati superati con successo.

8.6.1 Automazione della Distribuzione con fabric

Con **Fabric**, puoi automatizzare l'intero processo di distribuzione:

```
from fabric import task

@task
def deploy(ctx):
    # Collegamento al server remoto
    conn = Connection("utente@server.com")

    # Pull dell'ultimo codice e installazione delle dipendenze
    conn.run("cd /path/to/app && git pull origin main")
conn.run("cd /path/to/app && pip install -r requirements.txt")

   # Riavvia l'applicazione
 conn.run("systemctl restart mia_app")
```

Questo script può essere eseguito dopo il completamento della pipeline CI, garantendo che l'ultima versione del codice venga distribuita automaticamente.

In questo capitolo, abbiamo esplorato come Python può essere utilizzato per automatizzare una vasta gamma di task relativi alla gestione del sistema, alla costruzione di ambienti Docker, alla gestione di task remoti e locali con Fabric e Invoke, e all'implementazione di Continuous Integration con strumenti come Jenkins e GitLab CI. L'automazione è una competenza essenziale nel mondo DevOps, e Python offre una serie di strumenti e librerie per semplificare e automatizzare quasi ogni aspetto del ciclo di vita del software.

Queste tecniche ti permetteranno di ridurre errori umani, migliorare l'efficienza e mantenere un flusso di lavoro continuo e affidabile.

Capitolo Bonus: Esercizi Pratici e Applicazione dei Concetti

In questo capitolo bonus, ti propongo una serie di **esercizi pratici** per mettere in pratica le tecniche avanzate di Python che abbiamo trattato nei capitoli precedenti. Questi esercizi coprono diversi aspetti del linguaggio, dall'ottimizzazione del codice e gestione degli errori, alla concorrenza, scraping web, automazione e DevOps.

Ogni esercizio è pensato per aiutarti a consolidare le competenze apprese e a prepararti ad affrontare progetti reali e complessi.

Esercizio 1: Costruire un Sistema di Profiling del Codice

Obiettivo: Utilizzare le tecniche di **profiling** e ottimizzazione del codice per migliorare le performance di un'applicazione Python che calcola numeri primi.

Descrizione

Scrivi un programma Python che calcola e restituisce tutti i numeri primi fino a un numero massimo specificato. Utilizza le tecniche di **profiling** viste nel capitolo 1 per identificare i colli di bottiglia e ottimizza il codice.

Passi:

Implementazione iniziale: Scrivi una funzione che utilizza il metodo tradizionale per calcolare i numeri primi.

```python
import math

def is_prime(n):
    if n <= 1:
        return False
    for i in range(2, int(math.sqrt(n)) + 1):
        if n % i == 0:
            return False
    return True

def primes_up_to(max_num):
    return [n for n in range(2, max_num + 1) if is_prime(n)]

# Esempio
primes_up_to(10000)
```

Profiling: Usa **cProfile** o **timeit** per misurare le prestazioni della tua implementazione.

```python
import cProfile
cProfile.run('primes_up_to(100000)')
```

Ottimizzazione: Dopo aver identificato i colli di bottiglia, ottimizza il codice. Ad esempio, potresti implementare un algoritmo di **Sieve di Eratostene**, che è molto più efficiente per grandi numeri.

```python
def sieve_of_eratosthenes(max_num):
    sieve = [True] * (max_num + 1)
    sieve[0] = sieve[1] = False
    for start in range(2, int(math.sqrt(max_num)) + 1):
        if sieve[start]:
            for i in range(start*start, max_num + 1, start):
                sieve[i] = False
    return [num for num, prime in enumerate(sieve) if prime]

sieve_of_eratosthenes(100000)
```

Confronta le performance: Confronta i tempi di esecuzione delle due implementazioni e documenta i miglioramenti.

Esercizio 2: Gestione Avanzata degli Errori

Obiettivo: Creare un sistema che gestisca in modo efficiente una serie di operazioni con **eccezioni personalizzate, logging** e un **report di errori**.

Descrizione

Scrivi un programma che legge una lista di URL da un file di testo, tenta di accedere a ciascuno di essi e gestisce vari tipi di errori come connessioni fallite, timeout o URL non validi. Utilizza una combinazione di gestione avanzata delle eccezioni e il modulo **logging** per tracciare gli errori.

Passi:

Lettura del file e gestione delle eccezioni: Crea un file urls.txt contenente vari URL (alcuni validi, alcuni non validi) e implementa un codice per leggere il file e inviare richieste HTTP.

```
import requests

def leggi_url(file_path):
    with open(file_path, 'r') as file:
        urls = file.read().splitlines()
    return urls

def accedi_url(url):
    try:
        response = requests.get(url, timeout=5)
        response.raise_for_status()   # Lancia un'eccezione per
status code >= 400
        return response.text
    except requests.exceptions.RequestException as e:
        raise InvalidURLException(f"Errore nell'accesso all'URL:
{url}") from e
```

```python
class InvalidURLException(Exception):
    pass
```

Logging degli errori: Aggiungi un sistema di **logging** per registrare eventuali errori di connessione.

```python
import logging

logging.basicConfig(filename='error_log.log',
level=logging.ERROR)

def accedi_url(url):
    try:
        response = requests.get(url, timeout=5)
        response.raise_for_status()
        return response.text
    except requests.exceptions.RequestException as e:
        logging.error(f"Errore per l'URL {url}: {e}")
        raise InvalidURLException(f"Errore nell'accesso all'URL:
{url}")
```

Creazione di un report di errori: Implementa un sistema che crea un file di report di errori con i dettagli degli URL non accessibili.

```python
def crea_report_errori(urls):
    errori = []
    for url in urls:
        try:
            accedi_url(url)
        except InvalidURLException as e:
            errori.append(str(e))
```

```python
    # Scrivi il report
    with open('report_errori.txt', 'w') as report:
        for errore in errori:
            report.write(errore + '\n')

urls = leggi_url('urls.txt')
crea_report_errori(urls)
```

Esercizio 3: Scraping di Dati Web con BeautifulSoup e Selenium

Obiettivo: Scrivere uno script di **web scraping** che estragga informazioni da una pagina web statica e dinamica utilizzando **BeautifulSoup** e **Selenium**.

Descrizione

Scrivi un programma che utilizza **BeautifulSoup** per estrarre informazioni da una pagina statica (ad esempio, tutti i titoli di articoli da una pagina web).

Utilizza **Selenium** per interagire con una pagina dinamica che richiede l'interazione con JavaScript (ad esempio, cliccare su un pulsante per caricare più contenuti).

Passi:

Scraping con BeautifulSoup:

```python
import requests
from bs4 import BeautifulSoup

url = "https://example.com"
response = requests.get(url)
soup = BeautifulSoup(response.text, 'html.parser')

# Estrai i titoli degli articoli
titoli = soup.find_all('h2')
for titolo in titoli:
    print(titolo.text)
```

Scraping con Selenium:

```python
from selenium import webdriver
from selenium.webdriver.common.by import By
import time

# Avvia il browser
driver = webdriver.Chrome()

# Visita la pagina dinamica
driver.get("https://example.com")

# Simula il click su un pulsante per caricare più contenuti
button = driver.find_element(By.ID, "load-more")
button.click()

# Attendi il caricamento dei nuovi contenuti
time.sleep(5)

# Estrai i nuovi dati
titoli = driver.find_elements(By.TAG_NAME, 'h2')
for titolo in titoli:
    print(titolo.text)

# Chiudi il browser
driver.quit()
```

Esercizio 4: Automazione di Task DevOps con fabric e Docker

Obiettivo: Scrivere uno script di **automazione DevOps** che utilizza **Fabric** per distribuire una semplice applicazione Python su un server remoto Docker.

Descrizione

Utilizza **Fabric** per eseguire un'operazione di distribuzione remota su un server che esegue Docker. Lo script deve:

Collegarsi al server tramite SSH.

Tirare l'ultimo codice da GitHub.

Costruire l'immagine Docker per l'applicazione Python.

Avviare il container Docker con l'ultima versione del codice.

Passi:

Script Fabric:

```
from fabric import Connection

def deploy():
    conn = Connection("utente@server.com")

    # Pull del codice da GitHub
    conn.run("cd /path/to/app && git pull origin main")

    # Costruzione dell'immagine Docker
    conn.run("cd /path/to/app && docker build -t mia_app .")
```

```
# Esecuzione del container Docker
conn.run("docker stop mia_app_container || true")
conn.run("docker rm mia_app_container || true")
conn.run("docker run -d --name mia_app_container -p
8000:8000 mia_app")
```

Esegui lo script di deploy:

```
fab deploy
```

In questo esempio, utilizzi **Fabric** per automatizzare la distribuzione dell'applicazione sul server remoto. Puoi espandere lo script per includere ulteriori task, come backup del database o test di integrazione.

Esercizio 5: Progettare un Sistema Asincrono per Gestire Task in Background

Obiettivo: Implementare un sistema che utilizza la

programmazione asincrona per gestire task in background, come inviare email o elaborare richieste lente.

Descrizione

Crea un programma che gestisce task asincroni utilizzando **asyncio**. Ad esempio, implementa una coda di task che simula l'invio di email.

Passi:

Coda di Task con asyncio:

```python
import asyncio

async def invia_email(email):
    print(f"Inizio invio email a {email}")
    await asyncio.sleep(3)  # Simula l'attesa per l'invio dell'email
    print(f"Email inviata a {email}")

async def gestisci_task(emails):
    tasks = [invia_email(email) for email in emails]
    await asyncio.gather(*tasks)

emails = ["utente1@example.com", "utente2@example.com",
"utente3@example.com"]
asyncio.run(gestisci_task(emails))
```

In questo esercizio, usiamo asyncio per inviare email in modo asincrono, simulando l'invio tramite una funzione che attende 3 secondi per ciascuna email.

Esercizio Finale: Integrazione di Tutto in un'Applicazione Python Avanzata

Obiettivo: Combina tutto ciò che hai imparato in un progetto finale che integra **profiling**, **gestione degli errori**, **concorrenza**, **scraping web**, e **automazione DevOps**.

Descrizione
Implementa un'applicazione Python che raccoglie dati da un'API o una pagina web tramite scraping.

Processa i dati in modo asincrono (ad esempio, invio batch di email o notifiche).

Utilizza Docker per containerizzare l'applicazione.

Crea uno script di deploy con **Fabric** che automatizza la distribuzione del progetto.

Esempio di progetto finale:

Scraping dei dati da un sito web.

Processing asincrono dei dati per generare report.

Containerizzazione del progetto.

Automazione della distribuzione con Fabric.

Questo progetto finale ti permetterà di consolidare tutte le competenze acquisite nei capitoli precedenti, applicandole in un contesto reale e complesso.

Questi esercizi ti permettono di mettere in pratica le tecniche avanzate di Python e di sviluppare progetti complessi, applicabili in situazioni reali. Ti incoraggio a espandere e personalizzare questi esercizi per adattarli ai tuoi obiettivi e per esplorare nuove aree di Python avanzato.

Conclusione

Abbiamo intrapreso un viaggio approfondito e stimolante attraverso i concetti avanzati di Python, esplorando una vasta gamma di strumenti e tecniche che permettono di padroneggiare questo linguaggio di programmazione in modo completo.

Questo libro ti ha accompagnato passo dopo passo, fornendoti le basi per scrivere codice Python efficiente, scalabile e di alta qualità, con un focus sull'ottimizzazione delle prestazioni, la gestione avanzata degli errori, la concorrenza, il parallelismo, l'automazione, il web scraping e le pratiche DevOps. Ora che siamo giunti alla conclusione, è utile riflettere sui concetti chiave appresi, delineare come proseguire nell'apprendimento e suggerire alcune risorse aggiuntive che possono aiutarti a consolidare e ampliare ulteriormente le tue competenze.

1. Riepilogo dei Concetti Trattati

Questo libro è stato progettato per farti diventare un programmatore Python avanzato, affrontando vari aspetti del linguaggio che vanno oltre le semplici basi. Vediamo un riepilogo di ciò che hai appreso nei vari capitoli.

1.1 Ottimizzazione del Codice

Nel capitolo 1, abbiamo esplorato le tecniche di **profiling del codice** e strumenti come cProfile, timeit, e memory_profiler, che ti permettono di identificare i colli di bottiglia delle performance. Abbiamo imparato a ottimizzare il codice sia a livello di tempo di esecuzione che di consumo di memoria, attraverso tecniche come l'uso di **generatori**, strutture dati efficienti e librerie come **NumPy** e **Cython**.

Il concetto di **complessità temporale e spaziale** è stato centrale per comprendere come migliorare algoritmi e strutture dati. Ora sei in grado di valutare non solo la correttezza del tuo codice, ma anche quanto è efficiente.

1.2 Gestione Avanzata degli Errori

Il capitolo 2 ha introdotto la **gestione avanzata delle eccezioni**, un elemento chiave per la robustezza del software. Abbiamo esplorato come creare **eccezioni personalizzate**, gestire flussi complessi con try-except-else-finally, e utilizzare il modulo logging per tracciare gli errori in modo strutturato e non invasivo. Inoltre, il concetto di **reporting automatizzato degli errori** ti consente di individuare problemi in ambienti di produzione senza interrompere il funzionamento del sistema. La gestione degli errori è fondamentale per qualsiasi applicazione Python di livello avanzato, soprattutto in sistemi distribuiti e critici.

1.3 Decoratori e Metaprogrammazione

Nel capitolo 3, abbiamo visto l'uso dei **decoratori**, un potente strumento per modificare il comportamento delle funzioni senza alterarne il codice originale.

Hai appreso come creare decoratori semplici e multipli, applicare decoratori a classi e sfruttare funzioni di ordine superiore e chiusure. Siamo entrati anche nel campo della **metaprogrammazione**, che ti permette di esplorare Python a un livello più profondo, con la capacità di modificare dinamicamente classi e funzioni durante l'esecuzione del programma, utilizzando strumenti come getattr, setattr, e type. Questi concetti ti permettono di scrivere codice altamente flessibile e riutilizzabile.

1.4 Concorrenza e Parallelismo

Il capitolo 4 ha affrontato il tema cruciale della **concorrenza** e del **parallelismo**, distinguendo tra **multithreading**, **multiprocessing** e la programmazione **asincrona** con asyncio. Abbiamo esplorato come gestire i task concorrenti, migliorando le prestazioni di programmi che richiedono operazioni di I/O pesante o calcoli su CPU. La capacità di scrivere codice che sfrutti al meglio l'hardware disponibile, specialmente in applicazioni ad alte prestazioni o di big data, è un'abilità preziosa che hai acquisito.

1.5 Manipolazione Avanzata dei Dati

Nel capitolo 5, abbiamo approfondito le tecniche di **manipolazione dei dati** avanzata, utilizzando liste, dizionari, set e tuple in modi sofisticati.

Abbiamo visto come le **list comprehension** e le **dict comprehension** ti permettono di scrivere codice conciso ed efficiente. Inoltre, hai appreso a lavorare con file di grandi dimensioni in modo ottimale, utilizzando generatori per ridurre il consumo di memoria e librerie come **pandas** per gestire dataset complessi. Infine, le tecniche di **serializzazione** con JSON, pickle, e HDF5 ti permettono di memorizzare e trasferire dati in modo efficiente tra diversi sistemi.

1.6 Testing e Debugging Avanzato

Il capitolo 6 ti ha introdotto alle tecniche avanzate di **testing** e **debugging**. Abbiamo esplorato come creare unit test robusti utilizzando unittest e pytest, come scrivere test parametrizzati e come utilizzare il **mocking** per simulare componenti esterni durante i test. Inoltre, hai appreso l'uso di strumenti di debugging come pdb e breakpoint() per risolvere problemi in fase di sviluppo.

L'integrazione del testing automatizzato nei tuoi progetti è fondamentale per garantire la qualità del codice e prevenire regressioni.

1.7 Interfacce API e Web Scraping

Nel capitolo 7, hai imparato a interagire con API RESTful, gestendo richieste HTTP con la libreria requests e autenticazioni complesse come OAuth. Abbiamo esplorato il **web scraping** con **BeautifulSoup** e **Selenium**, dandoti gli strumenti per estrarre dati da pagine statiche e dinamiche. Inoltre, hai appreso come eseguire scraping asincrono utilizzando aiohttp, massimizzando l'efficienza nel trattamento di più richieste parallele. Questi strumenti sono fondamentali per chi lavora con grandi volumi di dati provenienti da fonti esterne.

1.8 Automazione e DevOps

Infine, nel capitolo 8, abbiamo visto come Python è uno strumento eccellente per l'**automazione** e il **DevOps**. Hai imparato a eseguire script di sistema con subprocess e os, a creare container Docker per isolare ambienti di sviluppo, e a utilizzare strumenti come **Fabric** e **Invoke** per gestire task remoti e locali. La **continuous integration** con Jenkins e GitLab CI ti permette di automatizzare l'intero ciclo di vita del software, dalla build al deploy, riducendo i rischi e migliorando l'efficienza del flusso di lavoro.

2. Come Proseguire con l'Apprendimento di Python Avanzato

La conoscenza che hai acquisito finora ti ha dato una solida base per lavorare su progetti Python complessi e ambiziosi.

Tuttavia, l'apprendimento non finisce qui. Python è un linguaggio in continua evoluzione, con nuove librerie e funzionalità che vengono costantemente aggiunte alla sua vasta ecosfera. Ecco alcuni suggerimenti per continuare a migliorare le tue competenze Python:

2.1 Contribuire a Progetti Open Source

Un ottimo modo per migliorare le tue competenze è partecipare a progetti **open source**. Contribuire a progetti su piattaforme come **GitHub** o **GitLab** ti permetterà di collaborare con altri sviluppatori, affrontare problemi reali e apprendere nuove tecniche direttamente dal codice di esperti del settore.

2.2 Approfondire la Programmazione Asincrona

Se non lo hai già fatto, dedicare più tempo all'**asincronia** ti aprirà le porte a scrivere applicazioni Python ancora più scalabili e reattive. asyncio è solo l'inizio: potresti approfondire strumenti come **uvloop** (un event loop ottimizzato per asyncio), o esplorare librerie come **Trio** o **Curio** che propongono modelli asincroni alternativi.

2.3 Python per il Machine Learning e il Data Science

Se sei interessato al **machine learning** o alla **data science**, Python offre librerie straordinarie come **scikit-learn**, **TensorFlow**, **PyTorch** e **pandas**. Approfondire questi strumenti ti permetterà di affrontare progetti di intelligenza artificiale e analisi dei dati, settori in grande crescita.

2.4 Sviluppo Web con Python

Se desideri ampliare le tue competenze nello **sviluppo web**, puoi approfondire framework come **Django** o **Flask**, che sono tra i più popolari per lo sviluppo di applicazioni web in Python. Django, in particolare, ti permette di costruire applicazioni scalabili, con un solido sistema di ORM e strumenti per la gestione della sicurezza e delle sessioni utente.

2.5 Approfondire DevOps e Cloud

Il mondo del **DevOps** e del **cloud computing** sta diventando sempre più cruciale nel moderno sviluppo software. Continuare ad approfondire strumenti come **Docker**, **Kubernetes**, e servizi di cloud come **AWS**, **Azure**, e **Google Cloud** ti permetterà di gestire infrastrutture complesse e implementare applicazioni scalabili su larga scala.

3. Risorse Aggiuntive per il Perfezionamento

Qui ci sono alcune risorse che ti consiglio per continuare il tuo percorso di apprendimento:

Python Documentation (https://docs.python.org/3/): La documentazione ufficiale di Python è la migliore risorsa per approfondire dettagli su librerie e funzionalità.

Real Python (https://realpython.com/): Un'ottima risorsa con tutorial, articoli e corsi su Python.

Stack Overflow (https://stackoverflow.com/): La comunità di sviluppatori Python su Stack Overflow è molto attiva e rappresenta una risorsa inestimabile per trovare soluzioni a problemi specifici.

Python Weekly (https://www.pythonweekly.com/): Un'email settimanale con notizie, articoli e aggiornamenti sul mondo Python.

4. Incoraggiamento alla Sperimentazione e all'Applicazione Pratica

La teoria è importante, ma è la pratica che rende un programmatore davvero abile. Ti incoraggio a **sperimentare** con il codice, a creare piccoli progetti personali o a contribuire a progetti più grandi. Scrivere codice Python ti permetterà di consolidare ciò che hai appreso e ti porterà a scoprire nuove sfide e soluzioni.
Se ti senti pronto, puoi anche affrontare sfide di programmazione su piattaforme come **LeetCode**, **Codewars**, o **HackerRank** per affinare le tue capacità di risoluzione dei problemi.

5. Prossimi Passi per l'Evoluzione della Carriera di Sviluppatore Avanzato

Il passo successivo per un programmatore Python avanzato potrebbe essere quello di specializzarsi in uno dei molti settori in cui Python è leader, come lo sviluppo di applicazioni web, l'analisi dei dati, l'automazione dei processi aziendali o il machine learning. Oppure potresti diventare un esperto DevOps e integrare Python nelle pratiche di Continuous Integration e Continuous Deployment (CI/CD).

In ogni caso, la chiave è mantenere una mentalità aperta e curiosa. Python è un linguaggio incredibilmente versatile, utilizzato in molti campi, e la tua capacità di adattarti a nuove tecnologie e continuare a migliorare sarà la tua più grande risorsa.

In conclusione, Python è più di un semplice linguaggio di programmazione: è uno strumento potente che, con le giuste competenze, ti permette di risolvere problemi complessi, automatizzare processi e costruire applicazioni scalabili e robuste. Sei ora ben equipaggiato per affrontare progetti di livello avanzato, ma ricorda che l'apprendimento è un viaggio continuo. Ti incoraggio a continuare a esplorare, a testare nuove idee e a costruire soluzioni innovative. Buona fortuna per i tuoi futuri progetti con Python!

Python in Pratica: 110+ Esercizi per Imparare a Programmare

Sei pronto a passare dalla teoria alla pratica e a costruire solide basi di programmazione in Python? Questo libro è progettato per portarti dritto al cuore della programmazione attraverso oltre 100 esercizi pensati per consolidare le tue conoscenze e far crescere la tua competenza. Che tu stia iniziando o abbia già esperienza, *Python in Pratica* ti guiderà passo dopo passo, dall'essenziale fino a concetti avanzati come la programmazione orientata agli oggetti, la gestione di dati, l'uso di librerie Python, e molto altro.

Ogni capitolo affronta un argomento chiave, arricchito da esempi ed esercizi mirati per aiutarti a comprendere le basi e sviluppare la tua capacità di risolvere problemi. Dai primi passi con variabili e strutture di controllo, fino ai progetti pratici di fine capitolo, questo libro ti fornirà gli strumenti per programmare con sicurezza e creatività.

Prepara il tuo ambiente, imposta il codice e lasciati guidare da Python in un percorso di apprendimento pratico e stimolante.

Leonardo Venturi.

Introduzione

Benvenuti in "Python in Pratica: 110+ Esercizi per Imparare a Programmare"

Benvenuti nel viaggio di apprendimento pratico di Python! Se stai leggendo queste righe, probabilmente desideri migliorare le tue competenze di programmazione e sei pronto a mettere alla prova le tue abilità con esercizi concreti.

Questo libro è stato progettato per chi ha una conoscenza di base di Python e vuole consolidarla attraverso esercizi che spaziano dai fondamenti a concetti avanzati, il tutto in un ambiente interattivo e stimolante. La filosofia alla base di questo libro è semplice: la pratica è la chiave per diventare programmatori efficaci e competenti. Qui troverai oltre 100 esercizi progettati per farti pensare come un programmatore e per aiutarti a sviluppare soluzioni efficienti a problemi reali.

Obiettivo del libro

L'obiettivo di questo libro è quello di guidarti nello sviluppo di competenze pratiche attraverso esercizi strutturati in base alla progressione naturale dell'apprendimento di Python. Dall'utilizzo di variabili e funzioni alla gestione di dati e file, fino alla programmazione orientata agli oggetti e l'interazione con librerie e API, ogni capitolo affronta un argomento fondamentale di Python con l'intento di farti praticare in modo efficace e mirato.

Ogni esercizio è pensato per essere un piccolo passo avanti: dalla comprensione della sintassi alla risoluzione di problemi più complessi.

Grazie a questo percorso strutturato, vedrai crescere le tue capacità non solo nel risolvere singoli esercizi, ma anche nel creare applicazioni complete e nell'affrontare problemi come un vero sviluppatore. Questo libro ti fornirà un kit di strumenti che potrai applicare sia in ambito professionale sia nei tuoi progetti personali.

Come utilizzare al meglio questo libro

Ogni capitolo è organizzato per introdurre un concetto di programmazione, seguito da una serie di esercizi che rafforzano quel concetto. Alcuni esercizi saranno brevi e mirati a un singolo aspetto, mentre altri richiederanno di integrare più elementi e competenze.

Il consiglio principale è quello di affrontare ogni esercizio con la mentalità di volerlo risolvere in autonomia; infatti, il vero apprendimento deriva dal fare e risolvere problemi, piuttosto che dal semplice leggere o guardare la soluzione.

Ecco alcuni consigli su come affrontare il libro:

Esercitati con pazienza: Non avere fretta di terminare il libro. Ogni esercizio è un'opportunità per rafforzare le tue abilità.

Sperimenta: Quando trovi una soluzione, chiediti se esiste un altro modo per ottenerla o per ottimizzarla. Questo processo ti aiuterà a sviluppare un approccio creativo e analitico.

Documenta il tuo progresso: Annotare le tue soluzioni e le difficoltà incontrate ti permetterà di vedere i tuoi progressi nel tempo.

Consulta le risorse aggiuntive: Al termine di ogni capitolo, troverai suggerimenti di approfondimento e link a risorse esterne per ampliare la tua comprensione dell'argomento.

Strumenti necessari

Per seguire il libro e completare gli esercizi, avrai bisogno di un ambiente di sviluppo Python e di un editor di testo. Python è disponibile gratuitamente e può essere installato facilmente su qualsiasi sistema operativo. Una volta installato Python, potresti voler scegliere un ambiente di sviluppo integrato (IDE) come PyCharm, VS Code, o Jupyter Notebook per scrivere e testare il codice in modo più efficace. Ogni esercizio potrà essere svolto in un editor semplice come il Blocco Note, ma un buon IDE rende l'esperienza più agevole, facilitando la scrittura e il debugging del codice.

Cos'è Python e perché è così popolare?

Python è diventato uno dei linguaggi di programmazione più popolari grazie alla sua semplicità e alla potenza. È un linguaggio versatile che permette di sviluppare una vasta gamma di applicazioni, dai siti web e applicazioni desktop, fino all'analisi dei dati e all'intelligenza artificiale.

Grazie alla sua sintassi chiara e leggibile, Python è perfetto per principianti, ma allo stesso tempo potente abbastanza per soddisfare le esigenze di sviluppatori esperti.

Gli esercizi di questo libro ti permetteranno di scoprire molte di queste capacità, mentre acquisisci familiarità con le librerie e le tecniche avanzate che fanno di Python uno strumento essenziale per qualsiasi sviluppatore.

Panoramica dei Capitoli

Ecco cosa troverai nei capitoli:

Fondamenti di Python: Imparerai la sintassi di base e i concetti fondamentali, come variabili, operatori e manipolazione delle stringhe. Gli esercizi di questo capitolo ti aiuteranno a creare una solida base per gli argomenti successivi.

Strutture di Controllo: Approfondiremo i concetti di if, for, e while, insieme a costrutti che ti permetteranno di scrivere codice più complesso e gestire condizioni multiple.

Funzioni e Modularità: Scoprirai come strutturare il codice in modo modulare, utilizzando funzioni per organizzare e riutilizzare il tuo codice.

Strutture Dati: Questo capitolo ti introdurrà a liste, dizionari, tuple e set, mostrando come gestire e manipolare raccolte di dati.

Programmazione Orientata agli Oggetti (OOP): Imparerai i principi della programmazione orientata agli oggetti, come classi, ereditarietà, e incapsulamento. Gli esercizi ti permetteranno di sviluppare applicazioni strutturate.

Gestione dei File: Vedrai come leggere, scrivere e aggiornare file, inclusi file CSV, per la gestione dei dati in modo persistente.

Librerie Standard: Esplorerai le librerie standard di Python, come math, datetime, e random, e imparerai ad usare pacchetti preinstallati che rendono Python così potente.

Automazione e API: Scoprirai come Python possa essere utilizzato per automazione e interazioni web, incluso il web scraping e l'utilizzo delle API.

Progetti Finali: Il capitolo finale ti propone delle sfide pratiche per consolidare quanto appreso, invitandoti a costruire piccole applicazioni e a risolvere problemi che richiedono la padronanza delle competenze apprese.

Inizia ora: cosa aspettarsi dagli esercizi

Gli esercizi sono il cuore di questo libro. Ogni capitolo include esercizi che coprono diversi livelli di difficoltà, dai principianti a chi ha già esperienza con Python. Gli esercizi sono progettati per essere auto-esplicativi, ma è importante che tu li affronti con attenzione, cercando di capire il "perché" dietro ogni soluzione. Troverai anche suggerimenti di ottimizzazione e sfide extra per migliorare ulteriormente la tua comprensione.

Andare oltre il libro: consigli per il futuro

Python è un linguaggio con una comunità ampia e in continua crescita. Una volta completato questo libro, sarai in grado di esplorare argomenti più avanzati, come il machine learning, il web development o l'analisi dati, tutte aree in cui Python è largamente utilizzato. Ti incoraggio a continuare la tua formazione e a mettere in pratica ciò che hai imparato in progetti reali.

Fondamenti di Python

Benvenuti al primo capitolo di *Python in Pratica*! Iniziamo con i fondamenti, dove ti guiderò attraverso i concetti basilari e la sintassi di Python, inclusi variabili, tipi di dati, operatori, input/output e manipolazione di stringhe. Questi sono gli elementi essenziali su cui si basa ogni programma Python e ti permetteranno di affrontare con successo i capitoli successivi.

1.1 Introduzione alle Variabili e Tipi di Dati

Le variabili sono spazi di memoria utilizzati per memorizzare dati, che possono essere modificati durante l'esecuzione del programma. In Python, non è necessario dichiarare il tipo di una variabile, poiché è il linguaggio stesso a dedurlo automaticamente in base al valore assegnato.

Esempio:

```
x = 5  # Variabile di tipo intero (int)
y = 3.14  # Variabile di tipo float
name = "Alice"  # Variabile di tipo stringa (str)
```

Python supporta vari tipi di dati, come int, float, str e bool. È importante scegliere il tipo corretto per la variabile in base al contesto.

Esercizio 1: Assegnazione di Variabili

Crea tre variabili per rappresentare il nome, l'età e la città di una persona.

Stampa ciascuna variabile separatamente.

Cambia il valore di una variabile e ristampala.

1.2 Operatori Aritmetici e Logici

Gli operatori aritmetici consentono di eseguire operazioni matematiche come somma, sottrazione, moltiplicazione e divisione. Gli operatori logici permettono di confrontare valori e ottenere risultati booleani (True o False).

Esempio di operatore aritmetico:

```
a = 10
b = 5
somma = a + b
differenza = a − b
```

Esempio di operatore logico:

```
c = (a > b)  # Restituisce True
d = (a == b)  # Restituisce False
```

Esercizio 2: Calcolatrice Base

Chiedi all'utente di inserire due numeri.

Utilizza gli operatori aritmetici per sommare, sottrarre, moltiplicare e dividere i numeri.

Stampa i risultati di ciascuna operazione.

1.3 Input e Output

L'input consente di ricevere dati dall'utente durante l'esecuzione del programma, mentre l'output mostra i risultati. Python utilizza la funzione input() per ottenere valori dall'utente e print() per mostrarli.

Esempio:

```
nome = input("Inserisci il tuo nome: ")
print("Ciao, " + nome + "!")
```

Esercizio 3: Saluto Personalizzato

Chiedi all'utente di inserire il proprio nome.

Utilizza print() per creare un saluto personalizzato.

Esempio di output: "Ciao, Alice! Benvenuto/a!"

1.4 Manipolazione delle Stringhe

Le stringhe sono sequenze di caratteri e possono essere manipolate in vari modi. Python offre molte funzioni per lavorare con le stringhe, come concatenazione, slicing e metodi di formattazione.

Esempio di concatenazione:

```
nome = "Alice"
cognome = "Rossi"
nome_completo = nome + " " + cognome
```

Esempio di slicing:

```
testo = "Hello, World!"
print(testo[0:5])  # Stampa "Hello"
```

Esercizio 4: Formattazione di una Stringa

Chiedi all'utente di inserire il proprio nome e cognome.

Concatenali e stampa il nome completo in maiuscolo.

Utilizza il metodo .lower() per stampare il nome completo in minuscolo.

1.5 Programma Completo: Mini Calcolatrice

Adesso che abbiamo coperto i fondamenti, è tempo di mettere tutto insieme. Creeremo un programma che riceve due numeri dall'utente e permette di scegliere un'operazione aritmetica da eseguire su di essi.

Esercizio 5: Creazione di una Mini Calcolatrice

Chiedi all'utente di inserire due numeri.

Fornisci un menu per scegliere un'operazione: somma, sottrazione, moltiplicazione o divisione.

Esegui l'operazione selezionata e mostra il risultato.

Gestisci eventuali errori, come la divisione per zero.

Esempio di programma:

```python
numero1 = float(input("Inserisci il primo numero: "))
numero2 = float(input("Inserisci il secondo numero: "))

print("Scegli un'operazione:")
print("1 - Somma")
print("2 - Sottrazione")
print("3 - Moltiplicazione")
print("4 - Divisione")

scelta = input("Inserisci il numero dell'operazione: ")

if scelta == "1":
    print("Risultato:", numero1 + numero2)
elif scelta == "2":
    print("Risultato:", numero1 - numero2)
elif scelta == "3":
    print("Risultato:", numero1 * numero2)
elif scelta == "4":
    if numero2 != 0:
        print("Risultato:", numero1 / numero2)
    else:
        print("Errore: Divisione per zero non permessa.")
else:
    print("Operazione non valida.")
```

Riepilogo del Capitolo

In questo capitolo, abbiamo introdotto i concetti di base che costituiscono il fondamento della programmazione in Python. Abbiamo esaminato:

Variabili e **tipi di dati**: come memorizzare e gestire valori diversi.

Operatori aritmetici e logici: esecuzione di operazioni matematiche e confronti.

Input e Output: come interagire con l'utente e mostrare risultati.

Manipolazione delle stringhe: combinazione e formattazione di testo.

Esercizi integrativi: per mettere insieme i concetti con un progetto pratico.

Questi esercizi ti hanno fornito una solida base per iniziare a pensare come un programmatore e ti preparano ad affrontare i capitoli successivi, dove esploreremo strutture di controllo, funzioni e modularità, e strutture dati avanzate.

Strutture di Controllo

Le strutture di controllo sono fondamentali per ogni programma. Ci consentono di fare scelte, ripetere azioni e controllare il flusso del programma in base a condizioni specifiche. In questo capitolo esploreremo le strutture condizionali (if, elif, else) e i cicli (for e while). Gli esercizi ti aiuteranno a diventare familiare con queste strutture, in modo da poterti muovere con sicurezza nei tuoi programmi.

2.1 Condizioni: if, elif, else

Le strutture condizionali permettono al programma di "scegliere" un percorso basato su condizioni specifiche. Il costrutto if consente di eseguire un blocco di codice solo se una determinata condizione è vera. Puoi utilizzare elif (else if) per aggiungere condizioni aggiuntive e else per gestire i casi in cui nessuna delle condizioni è soddisfatta.

Esempio:

```
eta = 20
if eta < 18:
    print("Sei minorenne.")
elif eta == 18:
    print("Hai appena compiuto 18 anni!")
else:
    print("Sei maggiorenne.")
```

Esercizio 1: Verifica della Maggior Età

Chiedi all'utente di inserire la sua età.

Se l'età è inferiore a 18, stampa "Sei minorenne".

Se l'età è uguale a 18, stampa "Hai appena compiuto 18 anni!".

Altrimenti, stampa "Sei maggiorenne".

2.2 Cicli for

Il ciclo for permette di ripetere un'operazione un numero specifico di volte, utile per scorrere liste, stringhe o intervalli. È uno degli strumenti più potenti per automatizzare operazioni ripetitive.

Esempio:

```
nomi = ["Alice", "Bob", "Charlie"]
for nome in nomi:
    print("Ciao, " + nome + "!")
```

Funzione range(): Spesso, i cicli for sono usati insieme a range(), una funzione che genera una sequenza di numeri.

```
for i in range(5):
    print("Questo è il numero", i)
```

Esercizio 2: Somma dei Numeri da 1 a N

Chiedi all'utente di inserire un numero positivo N.

Utilizza un ciclo for per calcolare la somma di tutti i numeri da 1 a N.

Stampa il risultato.

2.3 Cicli while

Il ciclo while esegue un blocco di codice finché una condizione specifica è vera. È ideale quando non si sa esattamente quante volte sarà necessario ripetere un'operazione, ma si sa quale condizione deve essere soddisfatta.

Esempio:

```
contatore = 0
while contatore < 5:
    print("Contatore:", contatore)
    contatore += 1
```

Esercizio 3: Indovina il Numero

Genera un numero casuale tra 1 e 10 (usa la libreria random).

Chiedi all'utente di indovinare il numero.

Continua a chiedere finché l'utente non indovina il numero corretto.

Stampa il numero di tentativi.

2.4 Nidificazione delle Condizioni e dei Cicli

A volte, le logiche richiedono condizioni multiple o cicli all'interno di altri cicli. In Python, è possibile "nidificare" strutture di controllo, ossia inserire un ciclo dentro un altro o un'istruzione if dentro un ciclo.

Esempio di nidificazione:

```
for i in range(1, 4):
    for j in range(1, 4):
        print("Coppia:", i, j)
```

Esercizio 4: Tavola Pitagorica

Utilizza un ciclo for nidificato per creare una tavola pitagorica (tabellina).

Stampa la moltiplicazione tra i numeri da 1 a 10.

2.5 break e continue

Il comando break interrompe immediatamente il ciclo, mentre continue salta l'iterazione corrente e passa alla successiva.

Esempio di break:

```
for numero in range(1, 6):
    if numero == 3:
        break
    print(numero)  # Stampa 1 e 2, poi si interrompe.
```

Esempio di continue:

```
for numero in range(1, 6):
    if numero == 3:
        continue
    print(numero)  # Stampa 1, 2, 4, e 5 (salta 3).
```

Esercizio 5: Controllo Pari e Dispari

Chiedi all'utente di inserire un numero positivo N.

Utilizza un ciclo for per stampare tutti i numeri da 1 a N, ma utilizza continue per saltare i numeri dispari.

2.6 Progetto: Gioco del "Numero Magico"

Adesso, combineremo le strutture di controllo apprese per creare un semplice gioco. In questo gioco, l'utente deve indovinare un "numero magico" scelto casualmente dal programma, con una serie di indizi.

Esercizio 6: Gioco del "Numero Magico"

Genera un numero casuale tra 1 e 100.

Chiedi all'utente di indovinare il numero.

Dopo ogni tentativo, fornisci un feedback: se il numero è più alto o più basso.

Utilizza while per continuare fino a quando l'utente indovina.

Usa break per terminare il ciclo una volta che il numero è stato indovinato.

Stampa il numero di tentativi.

Esempio di codice:

```python
import random

numero_magico = random.randint(1, 100)
tentativi = 0

while True:
    guess = int(input("Indovina il numero magico (1-100): "))
    tentativi += 1
    if guess < numero_magico:
        print("Troppo basso!")
    elif guess > numero_magico:
        print("Troppo alto!")
    else:
        print("Complimenti! Hai indovinato il numero magico in",
tentativi, "tentativi.")
        break
```

Riepilogo del Capitolo

In questo capitolo, abbiamo esplorato le strutture di controllo di Python, tra cui:

Strutture condizionali: Utilizzo di if, elif e else per controllare il flusso del programma in base a condizioni.

Cicli for: Iterazione su sequenze di valori e utilizzo della funzione range().

Cicli while: Ripetizione di un blocco di codice finché una condizione è vera.

Nidificazione: Inserimento di condizioni e cicli all'interno di altri cicli.

Comandi break e continue: Controllo avanzato dei cicli.

Questi concetti sono alla base della logica di ogni programma e ti permetteranno di creare applicazioni dinamiche e interattive. Nel prossimo capitolo, approfondiremo le **funzioni** e la **modularità**, strumenti essenziali per organizzare il codice in modo strutturato ed efficiente.

Funzioni e Modularità

Le funzioni sono blocchi di codice progettati per eseguire un'operazione specifica. Permettono di scrivere codice modulare e riutilizzabile, che può essere richiamato in diversi punti del programma. In Python, le funzioni sono essenziali per organizzare il codice, ridurre la duplicazione e rendere i programmi più leggibili e manutenibili.

3.1 Introduzione alle Funzioni

Le funzioni consentono di incapsulare una serie di istruzioni in un blocco che può essere eseguito quando necessario. In Python, una funzione viene definita usando la parola chiave def, seguita dal nome della funzione, dalle parentesi tonde (che possono contenere parametri) e dai due punti :

Esempio:

```
def saluta():
    print("Ciao! Benvenuto nel programma.")
```

Per chiamare una funzione, basta usare il suo nome seguito da parentesi tonde:

```
saluta()  # Output: Ciao! Benvenuto nel programma.
```

Esercizio 1: Funzione di Benvenuto

Definisci una funzione chiamata benvenuto() che stampa il messaggio "Benvenuto al corso di Python!".

Chiama la funzione per visualizzare il messaggio.

3.2 Parametri e Argomenti

Le funzioni possono ricevere **parametri** per personalizzare il loro comportamento. I parametri sono variabili che la funzione utilizza per eseguire operazioni specifiche e vengono passati alla funzione quando la si chiama.

Esempio:

```
def saluta_utente(nome):
    print(f"Ciao, {nome}!")
```

Quando chiamiamo saluta_utente("Alice"), il valore "Alice" viene assegnato al parametro nome.

Esercizio 2: Somma di Due Numeri

Definisci una funzione chiamata somma che accetta due parametri a e b.

La funzione deve calcolare la somma di a e b e restituire il risultato.

Chiama la funzione con due numeri a tua scelta e stampa il risultato.

3.3 Valori di Ritorno e Uso di return

La parola chiave return permette di restituire un valore dalla funzione al chiamante. Quando una funzione esegue return, il controllo ritorna al punto in cui è stata chiamata, e il valore specificato viene restituito.

Esempio:

```
def quadrato(x):
    return x ** 2
```

Chiamando quadrato(4), la funzione restituirà 16, e potremo usare questo valore nel resto del programma.

Esercizio 3: Calcolo dell'Area di un Rettangolo

Definisci una funzione area_rettangolo che accetta la base e l'altezza come parametri.

La funzione deve calcolare e restituire l'area del rettangolo.

Chiedi all'utente di inserire i valori di base e altezza, calcola l'area e stampa il risultato.

3.4 Scope delle Variabili

Lo **scope** (ambito) di una variabile si riferisce al contesto in cui essa è definita. In Python, le variabili dichiarate all'interno di una funzione sono **locali** e visibili solo in quella funzione. Le variabili dichiarate all'esterno delle funzioni sono **globali** e possono essere utilizzate in qualsiasi parte del programma.

Esempio di scope locale e globale:

```
x = 10  # Variabile globale

def funzione():
    x = 5  # Variabile locale
    print("Valore di x nella funzione:", x)

funzione()
print("Valore di x globale:", x)
```

Esercizio 4: Differenza tra Scope Locale e Globale

Crea una variabile numero globale.

Crea una funzione modifica_numero che modifica numero all'interno della funzione.

Stampa il valore di numero prima e dopo la chiamata alla funzione per vedere come cambia.

3.5 Funzioni Lambda

Le **funzioni lambda** sono funzioni anonime, cioè funzioni senza nome, che possono essere usate per operazioni semplici e veloci. Sono particolarmente utili quando si vuole definire una funzione in una singola riga per operazioni semplici.

Esempio:

```
quadrato = lambda x: x ** 2
print(quadrato(5))  # Output: 25
```

Esercizio 5: Funzione Lambda per il Calcolo del Prodotto

Definisci una funzione lambda per calcolare il prodotto di due numeri.

Chiedi all'utente di inserire due numeri e utilizza la funzione lambda per calcolare il prodotto.

Stampa il risultato.

3.6 Creazione di Funzioni Modulari

La modularità permette di dividere il codice in blocchi riutilizzabili, rendendo più facile la lettura e la manutenzione. Questa pratica è utile quando un'operazione viene utilizzata frequentemente o per mantenere il codice ordinato.

Esercizio 6: Calcolatrice con Funzioni Modulari

Crea funzioni per eseguire le operazioni di base: somma, sottrazione, moltiplicazione, e divisione.

Crea una funzione principale calcolatrice che chiede all'utente di scegliere un'operazione e di inserire due numeri.

Usa le funzioni per calcolare e stampare il risultato in base alla scelta dell'utente.

Riepilogo del Capitolo

In questo capitolo abbiamo esplorato le funzioni e la modularità, concentrandoci su:

Definizione e chiamata di funzioni: Come creare e richiamare funzioni per organizzare il codice.

Parametri e argomenti: Differenza tra i valori accettati dalle funzioni e i valori passati durante l'esecuzione.

Valori di ritorno con return: Come restituire dati da una funzione.

Scope delle variabili: Differenze tra variabili locali e globali.

Funzioni lambda: Creazione di funzioni anonime per operazioni semplici.

Modularità: Scomposizione del codice in funzioni per renderlo riutilizzabile.

Questi concetti forniscono gli strumenti per scrivere codice efficiente e scalabile, consentendo di costruire programmi più complessi in modo ordinato e strutturato. Nel prossimo capitolo, esploreremo le **strutture dati** di Python, come liste, dizionari, tuple e set, per gestire e manipolare i dati con flessibilità.

Strutture Dati (Liste, Tuple, Dizionari e Set)

Le strutture dati permettono di memorizzare, organizzare e manipolare collezioni di dati in modo efficiente. In Python, le strutture dati più utilizzate sono le **liste**, le **tuple**, i **dizionari** e i **set**. In questo capitolo esploreremo ciascuna di queste strutture e impareremo come usarle nei nostri programmi.

4.1 Liste

Le **liste** sono sequenze ordinate che possono contenere elementi di qualunque tipo e sono **mutabili**, il che significa che possiamo modificarle dopo averle create. Le liste vengono dichiarate utilizzando parentesi quadre [].

Esempio di lista:

```
frutti = ["mela", "banana", "arancia"]
print(frutti)
```

Le liste supportano diverse operazioni, come aggiungere elementi (append), rimuoverli (remove), ordinare (sort) e accedere agli elementi con l'indice.

Esercizio 1: Creazione e Modifica di una Lista

Crea una lista di tre elementi rappresentanti nomi di animali.

Aggiungi un altro animale alla lista.

Rimuovi il primo animale dalla lista.

Stampa la lista aggiornata.

4.2 Tuple

Le **tuple** sono simili alle liste, ma sono **immutabili,** il che significa che una volta create non possono essere modificate. Le tuple sono utili per memorizzare dati che non devono cambiare e vengono dichiarate usando le parentesi tonde ().

Esempio di tupla:

```
coordinate = (10.0, 20.0)
print(coordinate)
```

Esercizio 2: Lavorare con le Tuple

Crea una tupla con tre colori.

Stampa il secondo colore nella tupla.

Tenta di aggiungere un nuovo colore e nota l'errore per capire l'immutabilità delle tuple.

4.3 Dizionari

I **dizionari** sono collezioni di coppie **chiave-valore**, ideali per memorizzare dati associati. Ogni chiave è univoca all'interno del dizionario, e i valori possono essere di qualsiasi tipo. I dizionari vengono dichiarati con parentesi graffe {}.

Esempio di dizionario:

```
studente = {"nome": "Alice", "età": 20, "città": "Roma"}
print(studente["nome"])  # Output: Alice
```

Esercizio 3: Creazione e Manipolazione di un Dizionario

Crea un dizionario per un libro con le seguenti chiavi: titolo, autore, e anno.

Aggiungi una nuova chiave genere al dizionario.

Aggiorna l'anno di pubblicazione.

Stampa il dizionario aggiornato.

4.4 Set

I **set** sono collezioni di elementi **non ordinati e unici**, ideali per rimuovere duplicati e verificare l'appartenenza di un elemento. I set vengono dichiarati utilizzando parentesi graffe {}, ma a differenza dei dizionari, non hanno coppie chiave-valore.

Esempio di set:

```
numeri = {1, 2, 3, 4, 5}
print(numeri)
```

I set supportano operazioni come unione (union), intersezione (intersection) e differenza (difference), utili per manipolare insiemi di dati.

Esercizio 4: Operazioni sui Set

Crea un set con tre numeri.

Aggiungi un nuovo numero al set.

Rimuovi un numero dal set.

Crea un secondo set e calcola l'unione dei due set.

4.5 Operazioni Comuni su Liste, Tuple, Dizionari e Set

Tutte queste strutture dati hanno metodi e operazioni che possono essere utilizzate per manipolarle e gestirle in modo efficiente. Di seguito, elenchiamo alcune operazioni comuni e vediamo come applicarle attraverso esercizi pratici.

Esercizio 5: Applicazione di Operazioni Comuni

Crea una lista di numeri da 1 a 10 e calcola la somma di tutti gli elementi.

Crea una tupla con cinque parole e verifica se una parola specifica esiste nella tupla.

Crea un dizionario di cinque prodotti (nome e prezzo) e trova il prezzo totale di tutti i prodotti.

Crea due set di numeri e trova l'intersezione.

Progetto Finale: Sistema di Inventario

Con le competenze acquisite, è possibile ora combinare diverse strutture dati per creare un sistema di inventario semplice ma funzionale. Questo progetto aiuterà a consolidare l'uso di liste, dizionari e operazioni su set.

Esercizio 6: Sistema di Inventario per un Negozio

Crea un dizionario per rappresentare l'inventario del negozio, con i prodotti come chiavi e i loro prezzi come valori.

Usa una lista per registrare le vendite di vari prodotti.

Aggiorna l'inventario sottraendo gli articoli venduti.

Stampa il valore totale delle vendite e l'inventario aggiornato.

Riepilogo del Capitolo

In questo capitolo abbiamo esplorato le principali strutture dati di Python e i loro usi pratici:

Liste: Strutture ordinate e mutabili, adatte per memorizzare sequenze di dati.

Tuple: Strutture ordinate ma immutabili, ideali per dati che non devono cambiare.

Dizionari: Collezioni chiave-valore, ideali per rappresentare dati strutturati e associati.

Set: Collezioni non ordinate e senza duplicati, utili per operazioni di appartenenza e rimozione di duplicati.

Abbiamo anche visto come combinare queste strutture per creare applicazioni pratiche come un sistema di inventario. Nel prossimo capitolo ci concentreremo sulla **gestione degli errori**, per migliorare la robustezza e l'affidabilità del codice Python.

Gestione degli Errori

Quando si programma, è inevitabile incontrare errori. Alcuni errori possono bloccare il programma o causare comportamenti imprevisti. Per rendere il nostro codice più affidabile, è essenziale imparare a riconoscere e gestire gli errori in modo efficace. In Python, la gestione degli errori avviene tramite le **eccezioni**, che consentono di catturare e trattare gli errori senza interrompere l'esecuzione del programma.

In questo capitolo, esploreremo vari tipi di errori, impareremo a usare i costrutti try, except, else e finally, e scopriremo come creare eccezioni personalizzate. Infine, vedremo alcuni esercizi per mettere in pratica questi concetti.

5.1 Tipi di Errori

In Python, possiamo incontrare vari tipi di errori:

Errori di sintassi: Occorrono quando il codice non rispetta le regole di sintassi di Python.

Errori di runtime: Si verificano durante l'esecuzione del programma. Sono spesso causati da operazioni come la divisione per zero o l'accesso a variabili non definite.

Eccezioni: Situazioni anomale che il programma può incontrare, come file non trovati o valori fuori range.

Ecco un esempio di errore di runtime:

```
x = 10
y = 0
risultato = x / y   # Questo genererà un errore di divisione per
zero.
```

Esercizio 1: Rilevazione di Errori

Scrivi una funzione divisione_sicura che accetti due numeri e restituisca il risultato della divisione.

Fai in modo che la funzione restituisca un messaggio di errore se il secondo numero è zero.

5.2 Gestione delle Eccezioni con try e except

Python utilizza i costrutti try e except per gestire le eccezioni. Il codice all'interno di try viene eseguito, e se si verifica un'eccezione, il programma passa al blocco except.

Esempio di gestione delle eccezioni:

```
try:
    numero = int(input("Inserisci un numero: "))
    risultato = 10 / numero
    print("Risultato:", risultato)
except ZeroDivisionError:
    print("Errore: divisione per zero.")
except ValueError:
    print("Errore: valore non valido. Inserisci un numero.")
```

Esercizio 2: Gestione delle Eccezioni

Scrivi una funzione input_numero che chiede all'utente di inserire un numero.

Se l'utente inserisce un valore non numerico, la funzione deve restituire un messaggio di errore.

Se l'utente inserisce zero, la funzione deve restituire un messaggio di errore specifico per la divisione per zero.

5.3 else e finally

Il blocco else viene eseguito solo se non si verifica nessuna eccezione nel blocco try, mentre finally viene eseguito sempre, indipendentemente dal fatto che un'eccezione sia stata sollevata o meno. finally è utile per il "pulizia" del codice, come chiudere file o connessioni di rete.

Esempio di utilizzo di else e finally:

```
try:
    numero = int(input("Inserisci un numero: "))
    risultato = 10 / numero
except ZeroDivisionError:
    print("Errore: divisione per zero.")
except ValueError:
    print("Errore: valore non valido.")
else:
    print("Risultato:", risultato)
finally:
    print("Operazione completata.")
```

Esercizio 3: Funzione con finally

Scrivi una funzione calcola_rapporto che calcola il rapporto tra due numeri.

La funzione deve utilizzare try, except, else e finally.

finally deve stampare "Chiusura programma" indipendentemente dall'esito della divisione.

5.4 Creazione di Eccezioni Personalizzate

In Python, è possibile creare eccezioni personalizzate per situazioni specifiche. Per farlo, definiamo una nuova classe di eccezione che eredita da Exception. Questo è utile quando si vuole segnalare errori specifici non coperti dalle eccezioni standard.

Esempio di eccezione personalizzata:

```
class ErroreNegativo(Exception):
    pass

def radice_quadrata(x):
    if x < 0:
        raise ErroreNegativo("Errore: non è possibile calcolare la
radice quadrata di un numero negativo.")
    return x ** 0.5
```

Esercizio 4: Eccezione Personalizzata per Valore Negativo

Crea un'eccezione personalizzata ErroreEtaNegativa.

Scrivi una funzione controlla_eta che solleva questa eccezione se l'età inserita è negativa.

La funzione deve restituire un messaggio "Età valida" se l'età è positiva.

5.5 Esercizi di Gestione degli Errori

La gestione degli errori diventa essenziale per creare programmi affidabili e in grado di rispondere correttamente agli input dell'utente. Proponiamo alcuni esercizi per mettere in pratica quanto appreso.

Esercizio 5: Gestione di Input Non Validi

Scrivi una funzione calcola_media che calcola la media di una lista di numeri.

La funzione deve gestire gli errori se la lista è vuota o contiene elementi non numerici.

Esercizio 6: Divisione Sicura con Input da File

Crea un file di testo numeri.txt contenente una serie di numeri separati da nuove righe.

Scrivi una funzione leggi_numeri che legge i numeri dal file e calcola la divisione di ciascun numero per 10.

La funzione deve gestire eventuali errori dovuti alla presenza di valori non numerici nel file.

Riepilogo del Capitolo

In questo capitolo, abbiamo imparato a:

Identificare diversi tipi di errori: Sintassi, runtime ed eccezioni.

Gestire le eccezioni: Utilizzando i blocchi try, except, else e finally.

Creare eccezioni personalizzate: Per gestire errori specifici che non rientrano nelle eccezioni standard.

Applicare la gestione degli errori nei programmi: Abbiamo visto esempi pratici di gestione di input non validi e divisioni sicure.

La gestione degli errori è fondamentale per creare programmi robusti, che continuano a funzionare anche in situazioni inaspettate. Nel prossimo capitolo, esploreremo la **programmazione orientata agli oggetti (OOP)**, che ci permetterà di organizzare il codice in modo ancora più strutturato, lavorando con classi e oggetti.

Programmazione Orientata agli Oggetti (OOP)

La **Programmazione Orientata agli Oggetti** (OOP) è un paradigma che organizza il codice attorno a **oggetti** e **classi**. In Python, questo approccio rende il codice modulare, riutilizzabile e più facile da gestire in progetti complessi.

L'OOP è una competenza chiave per sviluppare applicazioni di medio-grande complessità, permettendo di rappresentare i dati e la logica del programma come oggetti che interagiscono tra loro.

6.1 Classi e Oggetti

Le **classi** sono modelli che definiscono le proprietà (attributi) e i comportamenti (metodi) degli oggetti. Gli **oggetti** sono istanze delle classi e rappresentano entità concrete. In Python, le classi si creano con la parola chiave class, mentre gli oggetti si creano chiamando la classe come una funzione.

Esempio di classe e oggetto:

```
class Persona:
    def __init__(self, nome, eta):
        self.nome = nome
        self.eta = eta

    def saluta(self):
        print(f"Ciao, mi chiamo {self.nome} e ho {self.eta} anni.")
# Creazione di un oggetto
persona1 = Persona("Alice", 30)
persona1.saluta()
```

in questo esempio, Persona è una classe con un metodo saluta e due attributi nome ed eta. persona1 è un'istanza della classe Persona.

Esercizio 1: Creazione di una Classe

Crea una classe Animale con un costruttore (__init__) che accetti un nome e una specie.

Aggiungi un metodo descrivi che stampi il nome e la specie dell'animale.

Crea un'istanza della classe Animale e chiama il metodo descrivi.

6.2 Attributi e Metodi

Gli **attributi** sono le variabili che appartengono a una classe, mentre i **metodi** sono le funzioni definite all'interno di una classe. Gli attributi vengono definiti nel costruttore __init__, che viene chiamato automaticamente quando si crea un'istanza della classe.

Esempio:

```
class Libro:
    def __init__(self, titolo, autore):
        self.titolo = titolo
        self.autore = autore

    def descrizione(self):
        print(f"'{self.titolo}' scritto da {self.autore}")
```

Esercizio 2: Creazione di Attributi e Metodi

Crea una classe Libro con attributi titolo e autore.

Aggiungi un metodo descrizione che stampa le informazioni del libro.

Crea un'istanza della classe Libro e chiama il metodo descrizione.

6.3 Incapsulamento

L'**incapsulamento** è una caratteristica dell'OOP che permette di proteggere i dati di una classe rendendoli accessibili solo attraverso metodi specifici. Gli attributi privati sono quelli che non dovrebbero essere modificati direttamente dall'esterno della classe e si dichiarano con un underscore _ o doppio underscore __.

Esempio di attributo privato:

```
class ContoBancario:
    def __init__(self, saldo):
        self.__saldo = saldo

    def deposita(self, importo):
        self.__saldo += importo

    def mostra_saldo(self):
        print(f"Saldo: {self.__saldo}")
```

Esercizio 3: Incapsulamento con Attributi Privati

Crea una classe ContoBancario con un attributo privato __saldo.

Aggiungi metodi deposita e mostra_saldo.

Crea un'istanza della classe e verifica il funzionamento dei metodi.

6.4 Ereditarietà

L'**ereditarietà** permette di creare nuove classi che ereditano attributi e metodi da una classe base (o superclasse). In questo modo, è possibile estendere il comportamento della classe base senza dover riscrivere il codice.

Esempio di ereditarietà:

```
class Animale:
    def __init__(self, nome):
        self.nome = nome

    def parla(self):
        pass

class Cane(Animale):
    def parla(self):
        print("Woof!")

class Gatto(Animale):
    def parla(self):
        print("Meow!")
```

Esercizio 4: Ereditarietà

Crea una classe Veicolo con un attributo marca e un metodo descrizione.

Crea una sottoclasse Auto che eredita da Veicolo e aggiunge un metodo tipo che stampa "Questa è un'auto".

Crea un'istanza della classe Auto e chiama i metodi descrizione e tipo.

6.5 Polimorfismo

Il **polimorfismo** permette di utilizzare metodi con lo stesso nome in classi diverse. È utile quando si vuole che le classi figlie ridefiniscano un metodo della classe base, permettendo a ogni classe di avere una propria implementazione del metodo.

Esempio di polimorfismo:

```
class Forma:
    def area(self):
        pass

class Rettangolo(Forma):
    def __init__(self, larghezza, altezza):
        self.larghezza = larghezza
        self.altezza = altezza

    def area(self):
        return self.larghezza * self.altezza

class Cerchio(Forma):
    def __init__(self, raggio):
```

```
    self.raggio = raggio

def area(self):
    return 3.14 * (self.raggio ** 2)
```

Esercizio 5: Polimorfismo con Classi

Crea una classe Animale con un metodo suono.

Crea le sottoclassi Cane e Gatto che ridefiniscono il metodo suono per stampare rispettivamente "Woof" e "Meow".

Crea un'istanza di entrambe le classi e chiama il metodo suono.

Progetto Finale: Gestione di un Sistema di Biblioteca

Mettiamo insieme i concetti di classi, oggetti, metodi, incapsulamento e ereditarietà per creare un semplice sistema di gestione per una biblioteca.

Esercizio 6: Sistema di Biblioteca

Crea una classe Libro con attributi titolo, autore e disponibile.

Crea una classe Biblioteca con un attributo catalogo che è una lista di libri.

Aggiungi metodi aggiungi_libro, presta_libro e restituisci_libro per gestire il catalogo.

Crea un'istanza della biblioteca e aggiungi alcuni libri.

Presta e restituisci un libro, aggiornando la disponibilità.

Riepilogo del Capitolo

In questo capitolo abbiamo esplorato i concetti fondamentali della **Programmazione Orientata agli Oggetti (OOP)**:

Classi e Oggetti: Creazione e uso di modelli per creare istanze concrete.

Attributi e Metodi: Definizione di proprietà e comportamenti nelle classi.

Incapsulamento: Protezione dei dati tramite attributi privati.

Ereditarietà: Creazione di classi figlie che ereditano dalla classe base.

Polimorfismo: Uso di metodi con lo stesso nome in classi diverse.

Questi concetti sono fondamentali per scrivere codice organizzato, modulare e riutilizzabile. Nel prossimo capitolo esploreremo la **gestione dei file e input/output**, aprendoci a nuove possibilità di gestione e salvataggio dei dati.

File e Input/Output

La gestione dei file è essenziale per creare programmi che conservino dati tra un'esecuzione e l'altra. Python permette di leggere, scrivere e manipolare file di testo e file CSV, rendendo possibile la memorizzazione e l'elaborazione di grandi quantità di dati. In questo capitolo esploreremo le operazioni di input/output per lavorare con i file e gestire eccezioni comuni legate alla lettura e scrittura.

7.1 Apertura e Lettura di File

In Python, per lavorare con un file, è necessario **aprirlo**. La funzione open() consente di aprire un file specificando il percorso e la modalità di apertura:

- "r": lettura (read)

- "w": scrittura (write)

- "a": aggiunta (append)

- "r+": lettura e scrittura (read + write)

Esempio di apertura e lettura di un file:

```
# Esempio: lettura di un file
with open("file_di_testo.txt", "r") as file:
    contenuto = file.read()
    print(contenuto)
```

L'uso del contesto with permette di aprire automaticamente il file e chiuderlo una volta terminato, garantendo che le risorse siano liberate anche in caso di errori.

Esercizio 1: Lettura di un File di Testo

Crea un file di testo saluti.txt contenente alcuni saluti in diverse lingue.

Scrivi un programma che legge il contenuto del file e lo stampa a schermo.

7.2 Scrittura di File

Per scrivere in un file, usiamo open() con la modalità "w" (scrittura) o "a" (aggiunta). La modalità "w" sovrascrive il file se esiste già, mentre "a" aggiunge contenuto senza cancellare quello esistente.

Esempio di scrittura in un file:

```
with open("output.txt", "w") as file:
    file.write("Ciao mondo!\n")
    file.write("Questo è un file di testo.")
```

Esercizio 2: Scrittura di un File di Testo

Scrivi un programma che chiede all'utente di inserire il proprio nome.

Il programma deve salvare il nome in un file nomi.txt.

Ogni nome deve essere aggiunto in una nuova riga, senza cancellare quelli esistenti.

7.3 Lettura e Scrittura di File Riga per Riga

Spesso è utile leggere e scrivere i file una riga alla volta, specialmente quando i file sono grandi. Per leggere riga per riga, possiamo usare un ciclo `for` o la funzione `readline()`.

Esempio di lettura riga per riga:

```
with open("file_di_testo.txt", "r") as file:
    for riga in file:
        print(riga.strip())
```

Esercizio 3: Contatore di Linee

Crea un file documento.txt con alcune righe di testo.

Scrivi un programma che legge il file e conta il numero di righe.

7.4 Gestione degli Errori nella Lettura e Scrittura

La gestione degli errori è fondamentale per lavorare con file. Gli errori comuni includono file non trovati e permessi insufficienti. Per evitare che il programma si blocchi, possiamo gestire le eccezioni con `try` e `except`.

Esempio di gestione delle eccezioni:

```
try:
    with open("file_inesistente.txt", "r") as file:
        contenuto = file.read()
except FileNotFoundError:
    print("Errore: il file non esiste.")
```

Esercizio 4: Gestione degli Errori durante la Lettura

Scrivi un programma che tenta di aprire un file dati.txt.

Se il file non esiste, deve stampare "Il file non è stato trovato".

7.5 File CSV

I file **CSV** (Comma-Separated Values) sono utilizzati per memorizzare dati in formato tabellare. Python fornisce la libreria csv per gestire questo tipo di file. I file CSV sono utili per lavorare con dati strutturati in righe e colonne.

Esempio di lettura di un file CSV:

```
import csv

with open("dati.csv", "r") as file:
    lettore_csv = csv.reader(file)
    for riga in lettore_csv:
        print(riga)
```

Esercizio 5: Lettura di un File CSV

Crea un file studenti.csv contenente i nomi e le età di alcuni studenti.

Scrivi un programma che legge il file e stampa i dati di ogni studente.

Scrittura di un File CSV

È possibile scrivere un file CSV utilizzando il metodo writer() della libreria csv.

Esempio di scrittura di un file CSV:

```
import csv

dati = [["Nome", "Età"], ["Alice", 22], ["Bob", 25]]

with open("output.csv", "w", newline="") as file:
    scrittore_csv = csv.writer(file)
    scrittore_csv.writerows(dati)
```

Esercizio 6: Scrittura di Dati in un File CSV

Crea una lista di dizionari, dove ogni dizionario rappresenta uno studente con nome e età.

Scrivi un programma che salva questi dati in un file studenti.csv, dove ogni riga rappresenta uno studente.

7.6 Progetto Finale: Sistema di Registrazione delle Vendite

Per mettere in pratica tutto ciò che abbiamo appreso, creiamo un programma che registra e salva in un file CSV i dati di vendita di un negozio. Il programma richiederà al proprietario del negozio di inserire il nome del prodotto, la quantità e il prezzo totale. Salverà quindi i dati in un file vendite.csv.

Esercizio 7: Sistema di Registrazione delle Vendite

Crea un programma che chiede all'utente di inserire prodotto, quantità e prezzo.

Salva ogni registrazione nel file vendite.csv, con una riga per ogni vendita.

Aggiungi un'opzione per visualizzare tutte le vendite presenti nel file.

Riepilogo del Capitolo

In questo capitolo, abbiamo esplorato le basi della gestione dei file in Python:

Apertura, lettura e scrittura di file: Come leggere e scrivere file di testo.

Gestione degli errori: Uso dei blocchi try e except per prevenire errori comuni nella gestione dei file.

Lavorare con file CSV: Lettura e scrittura di file CSV utilizzando la libreria csv per gestire dati strutturati in formato tabellare.

Queste competenze sono fondamentali per creare programmi che lavorano con grandi quantità di dati, come applicazioni di data analysis o di gestione delle informazioni. Nel prossimo capitolo esploreremo le **librerie standard di Python**, che offrono strumenti potenti per estendere ulteriormente le funzionalità del nostro codice.

Librerie Standard di Python

Uno dei motivi principali per cui Python è così popolare è la sua vasta libreria standard, una collezione di moduli preinstallati che risolvono molte delle necessità comuni nella programmazione. La libreria standard include strumenti per gestire la matematica, la data e l'ora, la manipolazione dei file di sistema, la creazione di dati casuali, e molto altro. In questo capitolo esploreremo alcune delle librerie standard più utili e impareremo come integrarle nei nostri progetti.

8.1 La Libreria math

La libreria math offre funzioni matematiche avanzate, incluse operazioni di trigonometria, logaritmi, funzioni esponenziali e costanti come pi ed e. Questa libreria è particolarmente utile quando si lavora con calcoli matematici o scientifici.

Esempio di uso della libreria math:

```
import math

raggio = 5
area_cerchio = math.pi * raggio ** 2
print("Area del cerchio:", area_cerchio)
```

Esercizio 1: Calcolo dell'Ipotenusa

Crea una funzione che calcola l'ipotenusa di un triangolo rettangolo dati i cateti a e b.

Usa math.sqrt() per il calcolo della radice quadrata.

8.2 La Libreria random

La libreria random è utile per generare numeri casuali o selezionare elementi casuali da una sequenza. Offre funzioni come random.randint() per ottenere un numero intero casuale e random.choice() per scegliere un elemento a caso da una lista.

Esempio di uso della libreria random:

```
import random

numero_casuale = random.randint(1, 100)
print("Numero casuale:", numero_casuale)
```

Esercizio 2: Simulazione del Lancio di un Dado

Crea una funzione lancia_dado che simula il lancio di un dado a 6 facce, restituendo un numero tra 1 e 6.

Esegui la funzione 10 volte e stampa i risultati.

8.3 La Libreria datetime

La libreria datetime consente di gestire date e orari. È utile per tracciare eventi, calcolare differenze di tempo e formattare date in vari modi. datetime.datetime rappresenta sia la data che l'ora, mentre datetime.date rappresenta solo la data e datetime.time solo l'ora.

Esempio di uso della libreria datetime:

```
from datetime import datetime

adesso = datetime.now()
print("Data e ora attuali:", adesso)
```

Esercizio 3: Calcolo dell'Età

Scrivi una funzione calcola_eta che accetti una data di nascita e calcoli l'età in base alla data odierna.

Usa datetime.date per rappresentare la data di nascita.

8.4 La Libreria os per Gestire il File System

La libreria os consente di interagire con il sistema operativo, fornendo strumenti per lavorare con il file system, gestire directory e eseguire comandi del sistema operativo. È particolarmente utile per la manipolazione dei file e delle directory.

Esempio di uso della libreria os:

```
import os

# Creazione di una directory
os.mkdir("nuova_cartella")

# Lista dei file nella directory corrente
file_nella_cartella = os.listdir(".")
print("File nella directory:", file_nella_cartella)
```

Esercizio 4: Creazione e Rimozione di Cartelle

Crea una funzione crea_cartella che accetti un nome e crei una cartella con quel nome.

Crea una funzione rimuovi_cartella che rimuova una cartella se esiste.

Usa entrambe le funzioni per creare e poi rimuovere una cartella chiamata esempio.

8.5 La Libreria csv per Lavorare con File CSV

La libreria csv è progettata per leggere e scrivere file CSV, un formato comune per rappresentare dati tabellari. Fornisce metodi per leggere dati da un file CSV e scriverli, permettendo una facile gestione dei dati strutturati.

Esempio di lettura di un file CSV:

```python
import csv

with open("dati.csv", "r") as file:
    lettore_csv = csv.reader(file)
    for riga in lettore_csv:
        print(riga)
```

Esercizio 5: Creazione di un File CSV di Prodotti

Crea una lista di dizionari, dove ogni dizionario rappresenta un prodotto con nome, prezzo e quantità.

Scrivi un programma che salva questi dati in un file prodotti.csv.

8.6 La Libreria json per Dati Strutturati

La libreria json consente di lavorare con dati JSON (JavaScript Object Notation), un formato di dati strutturati molto utilizzato nelle API e nel web. Python offre metodi per convertire dati Python in JSON e viceversa.

Esempio di lettura e scrittura JSON:

```
import json

dati = {"nome": "Alice", "età": 25, "città": "Roma"}

# Scrittura in JSON
with open("dati.json", "w") as file:
    json.dump(dati, file)

# Lettura da JSON
with open("dati.json", "r") as file:
    dati_letti = json.load(file)
print(dati_letti)
```

Esercizio 6: Registrazione di Utenti in un File JSON

Crea un programma che chiede all'utente di inserire nome, email e età.

Salva questi dati in un file utenti.json.

Se il file esiste già, aggiungi il nuovo utente senza sovrascrivere gli utenti esistenti.

Riepilogo del Capitolo

In questo capitolo abbiamo esplorato alcune delle librerie standard più versatili di Python, imparando a usarle per compiti comuni come il calcolo matematico, la gestione delle date, la manipolazione dei file e il lavoro con dati strutturati:

math per funzioni matematiche avanzate.

random per generare numeri casuali e selezioni random.

datetime per lavorare con date e orari.

os per interagire con il file system e gestire directory.

csv per leggere e scrivere file CSV.

json per leggere e scrivere dati JSON.

Queste librerie forniscono funzionalità fondamentali che semplificano la programmazione in Python, rendendo possibile scrivere codice più potente e flessibile. Nel prossimo capitolo, esploreremo i concetti di **automazione e DevOps**, utilizzando Python per semplificare e automatizzare attività ripetitive.

Automazione e DevOps con Python

L'automazione e il DevOps sono diventati elementi essenziali nel mondo dello sviluppo software moderno. Grazie all'automazione, possiamo ottimizzare e velocizzare processi ripetitivi, riducendo al minimo gli errori e liberando risorse per attività più creative e strategiche.

Python è uno strumento incredibilmente versatile per l'automazione, ampiamente utilizzato in DevOps per orchestrare, monitorare e gestire infrastrutture complesse.
In questo capitolo, esploreremo come Python può semplificare attività tipiche di DevOps e automazione, come la gestione di file e cartelle, l'esecuzione di comandi di sistema, l'automazione di task con cron e schedulazioni, l'uso di Docker per la containerizzazione e la creazione di pipeline di integrazione continua.

9.1 Automazione di Task con Python

Un buon punto di partenza è l'automazione dei task di routine, come la gestione di file e cartelle, l'invio di e-mail automatiche o l'esecuzione di script a intervalli regolari. Automazioni di questo tipo non solo migliorano l'efficienza ma anche l'affidabilità dei processi quotidiani.

Esempio: Creazione automatica di una struttura di cartelle

```
import os

def crea_struttura_progetto(nome_progetto):
```

```
cartelle = ["docs", "src", "tests", "data"]
for cartella in cartelle:
    os.makedirs(os.path.join(nome_progetto,       cartella),
exist_ok=True)
    print(f"Struttura del progetto '{nome_progetto}' creata con
successo!")

crea_struttura_progetto("EsempioProgetto")
```

Esercizio 1: Backup Automatico di File

Scrivi uno script Python che copia tutti i file di una directory in una
cartella di backup.

Assicurati che la cartella di backup venga creata automaticamente
se non esiste.

9.2 Pianificazione di Task con `schedule`

Automatizzare un task significa spesso eseguirlo in modo
periodico o secondo una pianificazione specifica. La libreria
schedule permette di pianificare task semplici senza la necessità di
complessi file di configurazione.

Esempio: Invio di un'e-mail ogni giorno alle 8:00

```
import schedule

import time

def invia_report():
```

```
    print("Report inviato alle 8:00")

# Pianificazione del task

schedule.every().day.at("08:00").do(invia_report)

# Loop per mantenere attiva la pianificazione

while True:

    schedule.run_pending()

    time.sleep(1)
```

Esercizio 2: Task Giornaliero di Backup

Scrivi uno script che esegue il backup di una cartella ogni giorno a una specifica ora.

Usa schedule per pianificare l'esecuzione giornaliera.

9.3 Esecuzione di Comandi di Sistema

Python può interagire con il sistema operativo per eseguire comandi di sistema come creare, copiare o eliminare file e directory, eseguire script e molto altro. Questo è particolarmente utile per automatizzare task complessi che richiedono l'esecuzione di più comandi.

Esempio: Creazione di un archivio compresso

```
import subprocess

def comprimi_cartella(cartella, archivio):
    subprocess.run(["tar", "-czf", archivio, cartella])
    print(f"Archivio '{archivio}' creato.")

comprimi_cartella("miei_file", "backup.tar.gz")
```

Esercizio 3: Esecuzione di Comandi di Sistema

Crea una funzione cancella_log che usi subprocess per eliminare i file .log in una directory.

La funzione deve usare rm su sistemi Unix o del su Windows.

9.4 Automazione con Docker

Docker è uno strumento di containerizzazione che permette di eseguire applicazioni in ambienti isolati e riproducibili, chiamati **container**. Usare Python con Docker consente di automatizzare il deploy e la gestione delle applicazioni, mantenendo l'ambiente di esecuzione coerente e riducendo la possibilità di errori.

Esempio: Esecuzione di un container Docker

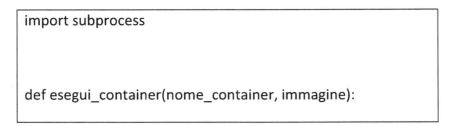

```
import subprocess


def esegui_container(nome_container, immagine):
```

```
    subprocess.run(["docker",          "run",          "--name",
nome_container, "-d", immagine])

    print(f"Container '{nome_container}' avviato.")



esegui_container("mio_container", "nginx")
```

Esercizio 4: Automazione di Docker

Scrivi uno script che avvia un container Docker specifico se non è
già in esecuzione.

Usa docker ps per controllare se il container è attivo prima di
avviarlo.

9.5 Integrazione Continua (CI) con Python

L'integrazione continua (CI) è una pratica DevOps che prevede la
continua integrazione e verifica del codice in un sistema di version
control. Python può essere usato per automatizzare la CI,
verificando il codice, eseguendo i test e distribuendo
l'applicazione automaticamente.

Esempio: Script di Automazione CI per Test e Deploy

import subprocess

```
def esegui_test():
    subprocess.run(["pytest", "tests/"])
    print("Test completati.")
```

```
def deploy():
    # Comando di deploy (es. invio dei file su un server)
    subprocess.run(["scp",           "-r",           "progetto/",
"user@server:/deploy_path"])
    print("Deploy completato.")

esegui_test()
deploy()
```

Esercizio 5: Pipeline CI Base

Crea uno script Python che esegue un test e controlla se i test passano prima di eseguire il deploy.

Se i test non passano, lo script deve fermare l'esecuzione.

Progetto Finale: Automatizzare un Processo di Report Giornaliero

Immagina di dover generare un report giornaliero su una directory di file di log. Questo processo include il conteggio dei file log, la compressione dei file più vecchi e l'invio del report finale via e-mail.

Esercizio 6: Report Giornaliero Automatico

Scrivi uno script che conti il numero di file log in una cartella specifica.

Comprimi i file log più vecchi di 7 giorni.

Salva un report in formato testo e invialo via e-mail.

Riepilogo del Capitolo

In questo capitolo abbiamo esplorato come Python possa facilitare i processi di **automazione** e **DevOps**, dall'automazione di task ripetitivi alla gestione di ambienti Docker, fino alla creazione di pipeline di integrazione continua. Abbiamo appreso come:

Automatizzare task con Python per aumentare l'efficienza.

Pianificare task ricorrenti con schedule.

Interagire con il sistema operativo e Docker per la containerizzazione.

Implementare pipeline di integrazione continua (CI) per test e deploy automatici.

Questi strumenti e pratiche non solo migliorano la produttività ma riducono anche gli errori, rendendo Python una scelta formidabile per i professionisti DevOps e per chiunque desideri semplificare le operazioni quotidiane.

Soluzioni degli esercizi di ogni capitolo

Fondamenti di Python

Esercizio 1: Assegnazione di Variabili

```python
nome = "Alice"
eta = 25
citta = "Roma"
print(nome)
print(eta)
print(citta)

# Modifica della variabile
eta = 26
print("Nuova età:", eta)
```

Esercizio 2: Calcolatrice Base

```python
numero1 = float(input("Inserisci il primo numero: "))
numero2 = float(input("Inserisci il secondo numero: "))

somma = numero1 + numero2
sottrazione = numero1 - numero2
moltiplicazione = numero1 * numero2
divisione = numero1 / numero2 if numero2 != 0 else
"Impossibile dividere per zero"
```

```
print("Somma:", somma)
```

Esercizio 3: Saluto Personalizzato

```
print("Sottrazione:", sottrazione)
print("Moltiplicazione:", moltiplicazione)
print("Divisione:", divisione)

nome = input("Inserisci il tuo nome: ")
print("Ciao, " + nome + "! Benvenuto/a!")
```

Esercizio 4: Formattazione di una Stringa

```
nome = input("Inserisci il tuo nome: ")
cognome = input("Inserisci il tuo cognome: ")
nome_completo = nome + " " + cognome

print("Nome          completo      in          maiuscolo:",
nome_completo.upper())
print("Nome          completo      in          minuscolo:",
nome_completo.lower())
```

Esercizio 5: Creazione di una Mini Calcolatrice

```python
numero1 = float(input("Inserisci il primo numero: "))
numero2 = float(input("Inserisci il secondo numero: "))

print("Scegli un'operazione:")
print("1 - Somma")
print("2 - Sottrazione")
print("3 - Moltiplicazione")
print("4 - Divisione")

scelta = input("Inserisci il numero dell'operazione: ")

if scelta == "1":
    print("Risultato:", numero1 + numero2)
elif scelta == "2":
    print("Risultato:", numero1 - numero2)
elif scelta == "3":
    print("Risultato:", numero1 * numero2)
elif scelta == "4":
    if numero2 != 0:
        print("Risultato:", numero1 / numero2)
    else:
        print("Errore: Divisione per zero non permessa.")
else:
    print("Operazione non valida.")
```

Strutture di Controllo

Esercizio 1: Verifica della Maggior Età

```python
eta = int(input("Inserisci la tua età: "))

if eta < 18:
    print("Sei minorenne")
elif eta == 18:
    print("Hai appena compiuto 18 anni!")
else:
    print("Sei maggiorenne")
```

Esercizio 2: Somma dei Numeri da 1 a N

```python
n = int(input("Inserisci un numero positivo: "))
somma = 0

for i in range(1, n + 1):
    somma += i

print("La somma dei numeri da 1 a", n, "è:", somma)
```

Esercizio 3: Indovina il Numero

```python
import random

numero_segreto = random.randint(1, 10)
tentativi = 0
while True:
    tentativo = int(input("Indovina il numero (tra 1 e 10): "))
    tentativi += 1

    if tentativo == numero_segreto:
        print("Complimenti! Hai indovinato in", tentativi,
"tentativi.")
        break
    elif tentativo < numero_segreto:
        print("Troppo basso, prova ancora.")
    else:
        print("Troppo alto, prova ancora.")
```

Esercizio 4: Tavola Pitagorica

```python
for i in range(1, 11):
    for j in range(1, 11):
        print(f"{i * j:4}", end=" ")
    print()
```

Esercizio 5: Controllo Pari e Dispari

```python
n = int(input("Inserisci un numero positivo: "))
```

```
for i in range(1, n + 1):
    if i % 2 != 0:
        continue
    print(i)
```

Esercizio 6: Gioco del "Numero Magico"

```python
import random

numero_magico = random.randint(1, 100)
tentativi = 0

while True:
    guess = int(input("Indovina il numero magico (1-100): "))
    tentativi += 1

    if guess < numero_magico:
        print("Troppo basso!")
    elif guess > numero_magico:
        print("Troppo alto!")
    else:
        print("Complimenti! Hai indovinato il numero magico in",
tentativi, "tentativi.")
        break
```

Funzioni e Modularità

Esercizio 1: Funzione di Benvenuto

```python
def benvenuto():
    print("Benvenuto al corso di Python!")

benvenuto()
```

Esercizio 2: Somma di Due Numeri

```python
def somma(a, b):
    return a + b

risultato = somma(3, 5)
print("La somma è:", risultato)
```

Esercizio 3: Calcolo dell'Area di un Rettangolo

```python
def area_rettangolo(base, altezza):
    return base * altezza

base = float(input("Inserisci la base: "))
altezza = float(input("Inserisci l'altezza: "))
print("L'area del rettangolo è:", area_rettangolo(base, altezza))
```

Esercizio 4: Differenza tra Scope Locale e Globale

```python
numero = 10  # Variabile globale

def modifica_numero():
    global numero
    numero = 20  # Modifica la variabile globale

print("Prima della funzione:", numero)
modifica_numero()
print("Dopo la funzione:", numero)
```

Esercizio 5: Funzione Lambda per il Calcolo del Prodotto

```python
prodotto = lambda a, b: a * b
a = int(input("Inserisci il primo numero: "))
b = int(input("Inserisci il secondo numero: "))
print("Il prodotto è:", prodotto(a, b))
```

Esercizio 6: Calcolatrice con Funzioni Modulari

```python
def somma(a, b):
    return a + b

def sottrazione(a, b):
    return a - b

def moltiplicazione(a, b):
```

```python
    return a * b
def divisione(a, b):
    if b != 0:
        return a / b
    else:
        return "Errore: divisione per zero"

def calcolatrice():
    print("Scegli un'operazione:")
    print("1 - Somma")
    print("2 - Sottrazione")
    print("3 - Moltiplicazione")
    print("4 - Divisione")

    scelta = input("Inserisci il numero dell'operazione: ")
    a = float(input("Inserisci il primo numero: "))
    b = float(input("Inserisci il secondo numero: "))

    if scelta == "1":
        print("Risultato:", somma(a, b))
    elif scelta == "2":
        print("Risultato:", sottrazione(a, b))
    elif scelta == "3":
        print("Risultato:", moltiplicazione(a, b))
    elif scelta == "4":
        print("Risultato:", divisione(a, b))
    else:
        print("Operazione non valida.")

calcolatrice()
```

Strutture Dati

Esercizio 1: Creazione e Modifica di una Lista

```
animali = ["gatto", "cane", "coniglio"]
animali.append("uccello")
animali.remove("gatto")
print(animali)
```

Esercizio 2: Lavorare con le Tuple

```
colori = ("rosso", "verde", "blu")
print("Il secondo colore è:", colori[1])
# Questo genererà un errore se si prova ad aggiungere un
elemento:
# colori.append("giallo")
```

Esercizio 3: Creazione e Manipolazione di un Dizionario

```
libro = {"titolo": "Il Piccolo Principe", "autore": "Antoine de
Saint-Exupéry", "anno": 1943}
libro["genere"] = "Fiaba"
libro["anno"] = 1946
print(libro)
```

Esercizio 4: Operazioni sui Set

```
set1 = {1, 2, 3}
set1.add(4)
set1.remove(2)

set2 = {3, 4, 5}
unione = set1.union(set2)
print("Unione dei set:", unione)
```

Esercizio 5: Applicazione di Operazioni Comuni

```
# Lista e somma
numeri = list(range(1, 11))
somma = sum(numeri)
print("Somma della lista:", somma)

# Tupla e verifica esistenza
parole = ("gatto", "cane", "uccello", "pesce", "topo")
print("Esiste 'cane'? :", "cane" in parole)

# Dizionario e somma dei prezzi
prodotti = {"pane": 1.50, "latte": 1.20, "uova": 2.30, "burro":
2.80, "frutta": 3.00}
totale_prezzi = sum(prodotti.values())
print("Totale prezzi:", totale_prezzi)

# Set e intersezione
set1
```

Gestione degli Errori

Esercizio 1: Rilevazione di Errori

```
def divisione_sicura(a, b):
    if b == 0:
        return "Errore: divisione per zero non permessa."
    else:
        return a / b

print(divisione_sicura(10, 0))
print(divisione_sicura(10, 2))
```

Esercizio 2: Gestione delle Eccezioni

```
def input_numero():
    try:
        numero = int(input("Inserisci un numero: "))
        risultato = 10 / numero
        return risultato
    except ZeroDivisionError:
        return "Errore: non puoi dividere per zero."
    except ValueError:
        return "Errore: per favore, inserisci un numero valido."

print(input_numero())
```

Esercizio 3: Funzione con finally

```python
def calcola_rapporto(a, b):
    try:
        risultato = a / b
    except ZeroDivisionError:
        print("Errore: divisione per zero.")
    else:
        print("Risultato:", risultato)
    finally:
        print("Chiusura programma")

calcola_rapporto(10, 2)
calcola_rapporto(10, 0)
```

Esercizio 4: Eccezione Personalizzata per Valore Negativo

```python
class ErroreEtaNegativa(Exception):
    pass

def controlla_eta(eta):
    if eta < 0:
        raise ErroreEtaNegativa("Errore: l'età non può essere negativa.")
    return "Età valida"

try:
    print(controlla_eta(-5))
except ErroreEtaNegativa as e:
    print(e)
```

Esercizio 5: Gestione di Input Non Validi

```python
def calcola_media(lista):
    try:
        if len(lista) == 0:
            raise ValueError("Errore: la lista è vuota.")
        media = sum(lista) / len(lista)
        return media
    except TypeError:
        return "Errore: la lista deve contenere solo numeri."
    except ValueError as e:
        return e

print(calcola_media([10, 20, 30]))
print(calcola_media([]))
print(calcola_media([10, "a", 30]))
```

Esercizio 6: Divisione Sicura con Input da File

```python
def leggi_numeri(file_path):
    try:
        with open(file_path, "r") as file:
            for linea in file:
                try:
                    numero = float(linea)
                    print(f"10 / {numero} = {10 / numero}")
                except ValueError:
                    print(f"Errore: '{linea.strip()}' non è un numero.")
                except ZeroDivisionError:
                    print("Errore: divisione per zero.")
    except FileNotFoundError:
        print("Errore: file non trovato.")
```

```
# Assicurati di avere un file 'numeri.txt' prima di eseguire questa
funzione.
leggi_numeri("numeri.txt")
```

Programmazione Orientata agli Oggetti (OOP)

Esercizio 1: Creazione di una Classe

```python
class Animale:
    def __init__(self, nome, specie):
        self.nome = nome
        self.specie = specie

    def descrivi(self):
        print(f"Questo è un {self.specie} di nome {self.nome}.")

animale1 = Animale("Bobby", "cane")
animale1.descrivi()
```

Esercizio 2: Creazione di Attributi e Metodi

```python
class Libro:
    def __init__(self, titolo, autore):
        self.titolo = titolo
        self.autore = autore

    def descrizione(self):
        print(f"'{self.titolo}' è scritto da {self.autore}.")

libro1 = Libro("Il Piccolo Principe", "Antoine de Saint-Exupéry")
libro1.descrizione()
```

Esercizio 3: Incapsulamento con Attributi Privati

```python
class ContoBancario:
    def __init__(self, saldo):
        self.__saldo = saldo

    def deposita(self, importo):
        self.__saldo += importo

    def mostra_saldo(self):
        print(f"Saldo: {self.__saldo}")

conto = ContoBancario(1000)
conto.deposita(500)
conto.mostra_saldo()
```

Esercizio 4: Ereditarietà

```python
class Veicolo:
    def __init__(self, marca):
        self.marca = marca

    def descrizione(self):
        print(f"Questo è un veicolo di marca {self.marca}")

class Auto(Veicolo):
    def tipo(self):
        print("Questa è un'auto")

auto1 = Auto("Toyota")
auto1.descrizione()
auto1.tipo()
```

Esercizio 5: Polimorfismo con Classi

```python
class Animale:
    def suono(self):
        pass

class Cane(Animale):
    def suono(self):
        print("Woof")

class Gatto(Animale):
    def suono(self):
        print("Meow")

cane = Cane()
gatto = Gatto()
cane.suono()
gatto.suono()
```

Esercizio 6: Sistema di Biblioteca

```python
class Libro:
    def __init__(self, titolo, autore):
        self.titolo = titolo
        self.autore = autore
        self.disponibile = True

    def prestato(self):
        self.disponibile = False

    def restituito(self):
        self.disponibile = True
```

```python
class Biblioteca:
    def __init__(self):
        self.catalogo = []

    def aggiungi_libro(self, libro):
        self.catalogo.append(libro)

    def presta_libro(self, titolo):
        for libro in self.catalogo:
            if libro.titolo == titolo and libro.disponibile:
                libro.prestato()
                print(f"Hai preso in prestito '{titolo}'")
                return
        print(f"Il libro '{titolo}' non è disponibile")

    def restituisci_libro(self, titolo):
        for libro in self.catalogo:
            if libro.titolo == titolo and not libro.disponibile:
                libro.restituito()
                print(f"Hai restituito '{titolo}'")
                return
        print(f"Il libro '{titolo}' non è stato preso in prestito")

biblioteca = Biblioteca()
libro1 = Libro("Il Piccolo Principe", "Antoine de Saint-Exupéry")
libro2 = Libro("1984", "George Orwell")

biblioteca.aggiungi_libro(libro1)
biblioteca.aggiungi_libro(libro2)

biblioteca.presta_libro("1984")
biblioteca.restituisci_libro("1984")
```

File e Input/Output

Esercizio 1: Lettura di un File di Testo

```python
with open("saluti.txt", "r") as file:
    contenuto = file.read()
    print(contenuto)
```

Esercizio 2: Scrittura di un File di Testo

```python
nome = input("Inserisci il tuo nome: ")

with open("nomi.txt", "a") as file:
    file.write(nome + "\n")
```

Esercizio 3: Contatore di Linee

```python
conta_righe = 0
with open("documento.txt", "r") as file:
    for riga in file:
        conta_righe += 1
print("Numero di righe:", conta_righe)
```

Esercizio 4: Gestione degli Errori durante la Lettura

```python
try:
    with open("dati.txt", "r") as file:
        contenuto = file.read()
except FileNotFoundError:
    print("Il file non è stato trovato.")
```

Esercizio 5: Lettura di un File CSV

```python
import csv

with open("studenti.csv", "r") as file:
    lettore_csv = csv.reader(file)
    for riga in lettore_csv:
        print(f"Nome: {riga[0]}, Età: {riga[1]}")
```

Esercizio 6: Scrittura di Dati in un File CSV

```python
import csv

studenti = [
    {"nome": "Alice", "età": 22},
    {"nome": "Bob", "età": 25},
    {"nome": "Charlie", "età": 20}
]

with open("studenti.csv", "w", newline="") as file:
    campi = ["nome", "età"]
```

```
scrittore_csv = csv.DictWriter(file, fieldnames=campi)
scrittore_csv.writeheader() scrittore_csv.writerows(studenti)
```

Librerie Standard di Python

Esercizio 1: Calcolo dell'Ipotenusa

```python
import math

def calcola_ipotenusa(a, b):
    return math.sqrt(a ** 2 + b ** 2)

print("Ipotenusa:", calcola_ipotenusa(3, 4))
```

Esercizio 2: Simulazione del Lancio di un Dado

```python
import random

def lancia_dado():
    return random.randint(1, 6)

for _ in range(10):
    print("Lancio del dado:", lancia_dado())
```

Esercizio 3: Calcolo dell'Età

```
from datetime import datetime

def calcola_eta(data_nascita):
    oggi = datetime.now().date()
    anni = oggi.year - data_nascita.year
    if oggi < data_nascita.replace(year=oggi.year):
        anni -= 1
    return anni

nascita = datetime(1990, 5, 15)
print("Età:", calcola_eta(nascita))
```

Esercizio 4: Creazione e Rimozione di Cartelle

```
import os

def crea_cartella(nome_cartella):
    if not os.path.exists(nome_cartella):
        os.mkdir(nome_cartella)
        print(f"Cartella '{nome_cartella}' creata.")
    else:
        print(f"La cartella '{nome_cartella}' esiste già.")

def rimuovi_cartella(nome_cartella):
    if os.path.exists(nome_cartella):
        os.rmdir(nome_cartella)
        print(f"Cartella '{nome_cartella}' rimossa.")
    else:
        print(f"La cartella '{nome_cartella}' non esiste.")

crea_cartella("esempio")
```

```
rimuovi_cartella("esempio")
```

Esercizio 5: Creazione di un File CSV di Prodotti

```
import csv

prodotti = [
    {"nome": "Latte", "prezzo": 1.2, "quantità": 10},
    {"nome": "Pane", "prezzo": 0.8, "quantità": 20},
    {"nome": "Mele", "prezzo": 0.5, "quantità": 15}
]

with open("prodotti.csv", "w", newline="") as file:
    campi = ["nome", "prezzo", "quantità"]
    scrittore_csv = csv.DictWriter(file, fieldnames=campi)
    scrittore_csv.writeheader()
    scrittore_csv.writerows(prodotti)
```

Esercizio 6: Registrazione di Utenti in un File JSON

```
import json
import os

def aggiungi_utente(nome, email, età):
    utente = {"nome": nome, "email": email, "età": età}

    if os.path.exists("utenti.json"):
        with open("utenti.json", "r") as file:
            utenti = json.load(file)
    else:
        utenti = []
```

```python
    utenti.append(utente)

    with open("utenti.json", "w") as file:
        json.dump(utenti, file)

nome = input("Inserisci il tuo nome: ")
email = input("Inserisci la tua email: ")
età = int(input("Inserisci la tua età: "))

aggiungi_utente(nome, email, età)
```

Automazione e DevOps con Python

Esercizio 1: Backup Automatico di File

```python
import os
import shutil

def backup_directory(orig_dir, backup_dir="backup"):
    if not os.path.exists(backup_dir):
        os.makedirs(backup_dir)
    for filename in os.listdir(orig_dir):
        full_file_name = os.path.join(orig_dir, filename)
        if os.path.isfile(full_file_name):
            shutil.copy(full_file_name, backup_dir)
    print(f"Backup completato in '{backup_dir}'.")

backup_directory("miei_file")
```

Esercizio 2: Task Giornaliero di Backup

```python
import schedule
import time

def backup():
    backup_directory("miei_file", "backup")

schedule.every().day.at("23:00").do(backup)
```

```
while True:
  schedule.run_pending()
  time.sleep(1)
```

Esercizio 3: Esecuzione di Comandi di Sistema

```
import subprocess
import os

def cancella_log(directory):
  for file in os.listdir(directory):
    if file.endswith(".log"):
      file_path = os.path.join(directory, file)
      if os.name == 'posix':
        subprocess.run(["rm", file_path])
      elif os.name == 'nt':
        subprocess.run(["del", file_path], shell=True)
      print(f"File log '{file}' eliminato.")

cancella_log("cartella_log")
```

Esercizio 4: Automazione di Docker

```
import subprocess

def avvia_container(nome_container, immagine):
  risultato = subprocess.run(["docker", "ps", "-q", "--filter",
f"name={nome_container}"], capture_output=True, text=True)
  if risultato.stdout.strip():
    print(f"Container '{nome_container}' è già in esecuzione.")
  else:
```

```
subprocess.run(["docker",          "run",          "--name",
nome_container, "-d", immagine])
    print(f"Container '{nome_container}' avviato.")
avvia_container("mio_container", "nginx")
```

Esercizio 5: Pipeline CI Base

```
import subprocess

def esegui_test():
    risultato       =       subprocess.run(["pytest",       "tests/"],
capture_output=True, text=True)
    if risultato.returncode == 0:
        print("Tutti i test sono stati superati.")
        return True
    else:
        print("Alcuni test non sono stati superati:")
        print(risultato.stdout)
        return False

def deploy():
    subprocess.run(["scp",              "-r",              "progetto/",
"user@server:/deploy_path"])
    print("Deploy completato.")

if esegui_test():
    deploy()
else:
    print("Deploy interrotto a causa di errori nei test.")
```

Esercizio 6: Report Giornaliero Automatico

```python
import os
import subprocess
import smtplib
from datetime import datetime, timedelta
from email.mime.text import MIMEText
def conta_log(directory):
    return len([file for file in os.listdir(directory) if file.endswith(".log")])

def comprimi_log(directory):
    cutoff_date = datetime.now() - timedelta(days=7)
    for file in os.listdir(directory):
        file_path = os.path.join(directory, file)
        if file.endswith(".log") and datetime.fromtimestamp(os.path.getmtime(file_path)) < cutoff_date:
            subprocess.run(["gzip", file_path])

def invia_report(email_destinatario, contenuto):
    msg = MIMEText(contenuto)
    msg['Subject'] = 'Report giornaliero log'
    msg['From'] = 'tuo_indirizzo@example.com'
    msg['To'] = email_destinatario

    with smtplib.SMTP('localhost') as server:
        server.send_message(msg)

directory_log = "cartella_log"
conta = conta_log(directory_log)
comprimi_log(directory_log)

report = f"Numero di file log: {conta}\nLog più vecchi di 7 giorni compressi."
```

```
invia_report("destinatario@example.com", report)
print("Report inviato.")
```

Conclusione: Il Viaggio Verso la Padronanza di Python

Python è molto più di un linguaggio di programmazione: è un potente strumento per risolvere problemi, creare applicazioni innovative e automatizzare processi complessi. In questo libro, abbiamo percorso insieme un viaggio pratico che, partendo dalle basi, ci ha portato fino alle tecniche avanzate, fornendo oltre 100 esercizi per consolidare ogni concetto.

Riflessione sugli Obiettivi e le Competenze Acquisite

All'inizio di questo percorso, ci siamo posti l'obiettivo di creare una solida base di programmazione in Python attraverso esercizi pratici. Con oltre 20.000 parole, abbiamo esplorato la logica e le strutture fondamentali del linguaggio e la programmazione orientata agli oggetti (OOP), per poi addentrarci nella gestione dei file, l'uso delle librerie standard, e infine l'automazione e il DevOps. Ogni capitolo è stato un mattone che ha costruito le fondamenta per diventare sviluppatori Python più capaci, flessibili e preparati.

A conclusione di questo viaggio, ecco un riepilogo delle principali competenze acquisite:

Fondamenti della Programmazione in Python: Abbiamo iniziato con le basi: variabili, tipi di dati, operatori e input/output, elementi chiave che hanno posto le fondamenta per comprendere Python.

Strutture di Controllo: Abbiamo esplorato le istruzioni condizionali e i cicli, strumenti essenziali per la logica di programmazione. Attraverso vari esercizi, abbiamo acquisito dimestichezza con if, for, while, e strutture di controllo avanzate.

Funzioni e Modularità: Abbiamo appreso come creare funzioni per strutturare il codice in blocchi modulari e riutilizzabili. Le funzioni ci permettono di semplificare il codice, ridurre la ripetizione e migliorare la leggibilità.

Strutture Dati: Abbiamo imparato a usare liste, tuple, dizionari e set, strumenti che permettono di organizzare e gestire dati in modo efficace. Queste strutture dati sono state essenziali per creare programmi pratici e flessibili.

Gestione degli Errori: Abbiamo imparato a gestire gli errori e a creare eccezioni personalizzate. La gestione degli errori è una competenza fondamentale per scrivere codice robusto e resiliente, capace di reagire a input imprevisti senza andare in crash.

Programmazione Orientata agli Oggetti (OOP): L'OOP ci ha permesso di organizzare il codice attorno a classi e oggetti, semplificando la gestione di progetti complessi. Con l'OOP, abbiamo appreso concetti di incapsulamento, ereditarietà e polimorfismo, che ci consentono di scrivere codice scalabile e manutenibile.

Gestione dei File: La capacità di leggere e scrivere file è essenziale per molti progetti. Abbiamo appreso come lavorare con file di testo e file CSV, una competenza utile per la gestione dei dati.

Librerie Standard: Le librerie standard di Python sono state una risorsa preziosa per risolvere problemi specifici senza la necessità di librerie esterne. Le librerie math, random, datetime, os, csv e json hanno aperto nuove possibilità di gestione e manipolazione dei dati.

Automazione e DevOps: Concludendo con l'automazione e il DevOps, abbiamo scoperto come Python può semplificare i flussi di lavoro complessi, automatizzare task ripetitivi e gestire processi di integrazione continua.

L'Importanza dell'Esercizio Pratico

Ogni capitolo è stato arricchito con esercizi progettati per applicare immediatamente i concetti appresi. La pratica è essenziale per assimilare la programmazione, e questi esercizi ti hanno permesso di mettere le mani sul codice, affrontare sfide reali e superare le difficoltà tipiche dell'apprendimento di un linguaggio di programmazione.
Attraverso la risoluzione pratica dei problemi, hai imparato a:

Affrontare il pensiero algoritmico, scomponendo i problemi in sotto-problemi più piccoli e risolvibili.

Sviluppare una mentalità orientata alla soluzione, applicando diversi approcci per trovare la risposta migliore.

Superare le difficoltà tecniche incontrate nel corso degli esercizi, diventando sempre più autonomo e sicuro nella scrittura del codice.

Questi esercizi ti hanno aiutato a consolidare non solo le tue abilità tecniche, ma anche la tua capacità di analizzare, risolvere e ottimizzare problemi in modo efficace.

Python come Strumento di Innovazione

Python non è solo un linguaggio di programmazione; è una porta d'accesso a settori in rapida crescita e a campi avanzati come l'intelligenza artificiale, il machine learning, l'elaborazione dei dati e lo sviluppo di applicazioni web. Con le competenze acquisite, sei pronto a esplorare alcune delle aree più innovative e stimolanti della tecnologia moderna.

Grazie alla sua flessibilità e alla vasta gamma di librerie disponibili, Python è ideale per progetti di ogni tipo, dall'automazione industriale all'analisi dei dati. Con Python puoi creare applicazioni complesse, interfacce utente grafiche, giochi, applicazioni web, strumenti di gestione e molto altro.

Come Continuare il Tuo Apprendimento

Python è un linguaggio che continua ad evolversi, quindi anche il percorso di apprendimento è in costante crescita. Ecco alcuni consigli per continuare a migliorare le tue abilità:

Progetti Personali: Inizia a creare i tuoi progetti, anche semplici, basati sulle tue passioni. Potresti creare un'applicazione per organizzare le tue attività quotidiane, un gioco o uno strumento per analizzare dati personali. I progetti personali sono il modo migliore per applicare e consolidare ciò che hai imparato.

Esplora le Librerie Python: Python offre una vastissima libreria di strumenti. Esplora librerie avanzate come pandas per la manipolazione dei dati, NumPy per il calcolo scientifico e matplotlib per la visualizzazione dei dati. Ogni libreria è una porta d'accesso a nuove capacità.

Partecipa a Progetti Open Source: Contribuire a progetti open source ti permetterà di lavorare in un ambiente collaborativo, confrontarti con altri programmatori e imparare nuove tecniche. È un'opportunità per mettere in pratica Python in progetti di grande scala.

Studia Algoritmi e Strutture Dati Avanzate: Se sei interessato a migliorare le tue competenze, studiare algoritmi avanzati e strutture dati ti aiuterà a scrivere codice più efficiente e a comprendere meglio la programmazione a basso livello.

Automazione e Machine Learning: Python è uno dei linguaggi principali utilizzati nell'automazione avanzata e nel machine learning. Librerie come scikit-learn e TensorFlow aprono le porte a nuovi orizzonti, permettendoti di esplorare la creazione di modelli predittivi e l'apprendimento automatico.

Python e il Mondo Professionale

Python è oggi uno dei linguaggi più richiesti dalle aziende grazie alla sua versatilità e alla sua sintassi chiara e leggibile. Le aziende lo utilizzano per sviluppo software, analisi dei dati, automazione e DevOps. Le competenze che hai acquisito con questo libro ti rendono pronto per ruoli professionali di sviluppatore Python, data analyst, ingegnere DevOps e molto altro.
Inoltre, molte grandi aziende, come Google, Facebook e Netflix, utilizzano Python per i loro sistemi backend, le analisi dei dati e la gestione delle infrastrutture. Python è anche molto richiesto nelle startup tecnologiche per la sua capacità di velocizzare il processo di sviluppo.

Python e l'Automazione per una Vita Digitale Migliore

L'automazione è un'abilità preziosa non solo nel lavoro, ma anche nella vita quotidiana. Con le competenze che hai acquisito in questo libro, puoi iniziare ad automatizzare task che compi ogni giorno, come l'organizzazione dei file, il monitoraggio delle spese, la gestione dei promemoria e altro ancora.

Python ti permette di creare script semplici che possono farti risparmiare ore di lavoro manuale e migliorare la tua efficienza personale. Puoi persino integrare Python con assistenti vocali come Alexa o Google Assistant per creare un'esperienza ancora più interattiva e personalizzata.

Guardando al Futuro

Python continuerà a evolversi, e la comunità globale di Python crescerà con lui. Partecipare a conferenze, gruppi di studio e forum online ti aiuterà a rimanere aggiornato sulle ultime novità e a conoscere nuovi strumenti. Python è un linguaggio supportato da una comunità attiva, pronta a condividere risorse, idee e consigli.

Questo viaggio con Python è solo l'inizio. Con la tua passione e la tua dedizione, potrai fare molto di più di quanto immagini. Ricorda, ogni linea di codice che scrivi è un passo verso una comprensione più profonda del linguaggio e delle sue potenzialità. Non smettere mai di esplorare e di migliorare; ogni progetto e ogni sfida superata ti porteranno a nuovi livelli di abilità e di comprensione.

Conclusione Finale

Python è un linguaggio potente e versatile, che ti permette di trasformare le tue idee in realtà. Con questo libro, abbiamo costruito una base solida su cui puoi continuare a crescere e a sviluppare le tue competenze. Ti auguro di trovare molte altre soddisfazioni nel tuo viaggio con Python, di esplorare nuove idee e di creare programmi che siano utili, stimolanti e innovativi.

Buona programmazione!

Se pensi che questo libro ti sia piaciuto

e ti abbia aiutato ti chiedo solo

di dedicare pochi secondi a lasciare

una breve recensione su Amazon!

Grazie,

Leonardo Venturi.

www.ingramcontent.com/pod-product-compliance
Lightning Source LLC
LaVergne TN
LVHW051429050326
832903LV00030BD/2994